経済学の世界

基礎から学ぶ経済理論のエッセンス

増澤俊彦 編著

千田亮吉
友野典男
水野勝之
小林和司
黒木龍三

執筆者紹介（執筆順）

増澤俊彦　元明治大学教授　　　序　章、第11章
千田亮吉　明治大学教授　　　　第1章、第2章
友野典男　明治大学教授　　　　第3章、第4章
水野勝之　明治大学教授　　　　第5章、第6章
小林和司　明治大学教授　　　　第7章、第10章
黒木龍三　立教大学教授　　　　第8章、第9章

はしがき

　経済学とは資本主義経済の仕組みを分析する学問といわれる。資本主義経済の生成・発展の歴史の中で、経済学の基礎となる思想も激しい論争と多様な変化と大きな影響力を発揮して進化してきたことはいうまでもない。本書は、古典派経済学の唱える「自由放任」思想の観点に立ち個々人の自由な経済活動を前提にした市場経済の理論、すなわち「ミクロ」経済学の部分と、価格のシグナルとしての役割の終焉をうたい、政府の経済活動を重視する立場から全体としての経済活動を柱に据えて理論を構築したケインズ派経済学、すなわち「マクロ」経済学の部分とから構成されている。

　こうした組立て方が意図するものは、ページの順序はさておいて、まず、経済の現実に接近する場合、全体としての総合経済の行動様式と個々人の個別の経済活動との間に、いったいどのようなつながりがあるかという問題関心をもって取り組んでもらいたいからである。たとえば、社会全体の消費支出の動向と個々の家計の消費決定の行動との間にはどのような開きがみられるであろうか。あるいはまた消費者物価指数の動きと個々の財・サービスの価格の変化との間にはどのような関係があるだろうかなど。経済現象を観察する場合、常に、「マクロ」と「ミクロ」の両方の視野が必要であるということを認識してもらいたいからである。

　経済学は、その時代特有な問題に直面し、そのつど問題の解決を迫られてきた。いわゆる産業革命以降の歴史を振り返ってみると、「生産力の増大」、「生産物の分配」、「分配の平等・不平等」、「不況・失業・デフレやインフレ」、「貧困・公害」、「福祉」や「高齢化社会」など多くの問題とその解決をめぐって絶えず論争が繰り返され、経済学は新しいパラダイムを求めて発展してきた。その過程で発見された理論や問題解明の分析道具などは、今日、経済学の道具箱の中に一つの共有財産として納められている。問題の解決には、何よりもまずその原因を探るため、症状を適格に診断し分析し、そのう

えで処方し対処しなければならない。

　どのような科学においても実態を知るには事実の観察、測定が重要な任務であるといえよう。測定された量、つまり経済学では経済諸量ないし経済変数の時間を通じての動きをつかまえて、その変化の様子から観察対象の実態にどんな原因・結果の関係があるかを把握しようとする。したがって、問題の解決には、何よりもまず因果関係をめぐって、いろいろな症状や事実や現象を分析する手法を身につけておく必要がある。本書の主要なねらいは、いうまでもなく、経済学の分析手法を系統的に把握し理解することを通して、経済学の理論や諸原理を概観することである。それがやがて問題解決への道につながると思うからである。

　本書の作成は6名の執筆者の分担執筆である。各理論をできるだけわかりやすくかつ体系的に記述するよう配慮したつもりでいるが、執筆者の各分野での専門性や個性などを配慮した共同作業の結果が本書の特色ともなっているのである。それが、全体として、「みずからを語ってくれる」ことを期待して編纂した。だが、ここでとりあげるべき事柄や記述の内容などが不十分であったり、説明が不適切であったり、あるいは見落としていたり、いろいろ不備なところが多々みられるのではないかと危惧している。今後本書がいっそう良きものとなるよう改善の努力を重ねていきたいと思っている。読者諸賢のご意見やご指摘をいただければ幸いである。

　最後に、本書の出版に際して八千代出版社長大野俊郎氏に、またその刊行を進めるにあたり、企画や構成や編集において、さらに完成までの長い間内校の労を丁寧に担当してくれた中澤修一氏、ならびに山竹伸二氏に心から厚く御礼を申し上げたい。

　　2004年3月　　　　　　　　　　　　　　　　　　　　編　著　者

目　次

はしがき

序　章　経済と経済学 ————————————————————— 1
 1　経済とは……1
 2　経済原則……2
 3　経済学とは……2
 4　経済学の研究方法……3
 5　ミクロ的な分析とマクロ的な分析……7

ミクロ経済学

第1章　消費者の行動と需要曲線 ————————————————— 13
 1　消費者の目的……13
 2　消費者の選好……14
 3　消費者の予算制約……18
 4　最適な消費量の決定……19
 5　所得の変化……21
 6　価格の変化……24

第2章　企業の行動と供給曲線 ————————————————— 29
 1　企業の目的……29
 2　企業が直面する市場および技術制約……30
 3　生産量が与えられた下での費用最小化……33
 4　費用曲線……37
 5　最適な生産量の決定……42
 6　長期供給曲線……45

第3章　市場経済のメカニズム — 49

1　市場メカニズム……49
2　需要の価格弾力性と供給の価格弾力性……50
3　市場均衡分析……56
4　市場の効率性……62
5　均衡分析の応用……66

第4章　不完全競争と市場の失敗 — 73

1　不完全競争……73
2　市場の失敗……77

マクロ経済学

第5章　経済活動水準の測定 — 89

1　国民経済の成果……89
2　生産＝分配……90
3　三面等価……91
4　各種統計の比較……92
5　GDPとGDEの実際……94
6　景気の状態を測る指標……96

第6章　国民所得水準の決定とメカニズム — 105

1　失業の存在を前提とした経済理論……105
2　有効需要の原理……107
3　乗数理論……112

第7章　財貨市場と貨幣市場の結合 — 119

1　貨幣とは……119
2　貨幣市場……121

3　財貨市場……124
　　4　*IS・LM* 分析……127
　　5　国際経済……129
　　6　国際版 *IS・LM* 分析……133

第8章　物価水準の決定と総需要・総供給 ──────────── 141
　　1　マクロと物価……141
　　2　物価水準……141
　　3　総　需　要……143
　　4　総　供　給……147
　　5　総需要曲線のシフトとその要因……153
　　6　総供給曲線のシフトとその要因……155
　　7　長期的な物価の調整……156

第9章　失業とインフレ・デフレ ──────────────── 159
　　1　経済のダイナミックス……159
　　2　失　　業……159
　　3　フィリップス曲線……160
　　4　インフレ供給曲線……162
　　5　インフレ需要曲線……164
　　6　短期の動学均衡……166
　　7　期待の形成：適応的期待仮説……168
　　8　短期均衡の移動と長期均衡の成立……170
　　9　合理的期待仮説……171
　　10　確率モデルと金融政策の効果……173
　　11　インフレ・デフレと日本経済……174

第10章　経済の変動と成長 ─────────────183
　　1　経済変動の分析……183
　　2　経済の変動……184
　　3　経済成長……195

第11章　所得分配の理論 ─────────────207
　　1　所得の分配とその取り組み方……207
　　2　ケインズ的なマクロ分配の理論……216

　　事項索引……225

序章

経済と経済学

1 経済とは

　経済学は人間を研究する学問の1つである。ただし、経済学が研究しようとするのは、人間そのものではなく、社会に結合した社会的な存在としての人間の行状の一側面なのである。人間は、生命と生命活動とを絶えず再生産していく過程で、際限なく出てくる種々さまざまな欲望を、これに比べれば相対的に不足している限られた外部的な手段を用いて、満たさなければならないのである。これが経済と呼ばれる人間生活の1つの部面にほかならない。すなわち、経済は、無限の欲望の充足に対して、多かれ少なかれ不足している外部的な手段ないし資源を用いて営まれざるをえない。すべての経済行為はその起源を充足されない欲望に発している。

　人間は、自然的な生命体として、衣・食・住という生存欲望を満たすと同時に、何かある特定の理念や理想すなわち価値を追い求めずにはいられない存在でもある。社会的な存在としての人間はまた、衣・食・住以外のさまざまな個人欲望を満たすかたわら、**共同欲望**を満たしていかなければならない。共同欲望とは、地域社会における人々の共同生活に関連する欲望や国家の役割に関連して必要になってくる類いの欲望である。たとえば、公園、道路と橋梁、港湾、空港などの共同財ないし公共財のほかに、治安の維持と国防、司法、伝染病の予防、災害防止対策などをあげることができる。

　われわれは、手に入れることができる限られた手段や資源の量や質を考慮

して、多種多様な欲望ないし用途のうちで選択を行わざるをえないであろう。この選択の行為は、消費すなわち欲望の充足の分野では、欲望の一般的な重要性と緊切性に基づいて定められ、また生産すなわち不足している外部的な手段の調達の分野では、生産のための手段の支出すなわち費用と収益との比較衡量に基づいて行われるものとしてよい。

2　経済原則

　人間の欲望を満たす資源ないし外部的な手段は不足しているのに、欲望は無限である。そうした状況の下で、物的な欲望の充足すなわち生活の豊かさを実現していかなければならない。いいかえれば、経済的な厚生水準の向上ととらえてもよいであろう。そのためには、どのような行動をとらなければならないであろうか。われわれは際限のない欲望を満たすために、限られた手段を最も効率的に使用して、欲望の充足に対処しなければならない。このように、限られた一定の手段を用いて、最大限の欲望の充足を達成しようとする行為は、**経済原則**と呼ばれているのである。

　この経済原則に則した行動は、人々の合理的な行動を仮定して打ち立てられたものである。人々は、この経済的な合理性に基づいて、一定の計画を立て秩序ある決定を行っているものといえる。この合理的な行動のおかげで、人々がたとえ私利（self-interest）ないし利己心に立脚した行動をとっても、経済はアダム・スミスの「見えざる手」の機構によってうまく誘導されるのである。ほかならぬ「市場経済のメカニズム」が競争を通してはたらき、無統制の市場機構でも、社会的に望ましい目的が達成されることになる。

3　経済学とは

　経済学という概念は多くの意味・内容を含んでいるので、簡単に定義を下すことは容易なことではない。ここに、通常、持ち出されている定義をいく

つかあげて、その特徴をつかまえることにしよう。

・経済学とは選択の科学である。それは、人々が希少な、または限られた生産資源（労働、土地、資本設備、技術的知識など）を利用し、さまざまな商品（米、牛肉、電気製品、パソコン、コンサートなど）を生産して、それらを社会の種々の構成員の間に消費のため配分するにあたり、どのような選択をするかについての研究を行う。

・経済学は、総合経済のいろいろな動向——物価、産出高、失業、外国貿易などの現状と趨勢——を分析する。この種の現象がいったん理解されると、経済学は、政府がどのようにそれらを改善したらよいかという政策の展開に役立つ。

　L．ロビンズは、『経済学の本質と意義』という著書の中で、「経済学は、諸目的と代替的用途をもつ希少な諸手段との間の関係として、人間の行動を研究する科学である」と定義した。この定義は経済分析のかなりの部分を包含しているといわれる。

　現代の著名な経済学者P．サミュエルソンは、W．ノードハウスとの共著の形で著した大著『経済学』（第12版以降）の中で、これらの定義を次のように煮詰めている。「経済学とは、種々様々な有用な商品を生産するために、社会がどのように希少な資源を使い、いろいろ違った集団に分配するかについて研究する学問である」。

　この定義から、上で述べたように、個人や社会の際限のない欲望に対して一定の限られた外部的な手段や資源をどんなふうに調和・整合したらよいかという基本的な考え方を読み取ることができる。

4　経済学の研究方法

　経済学の研究方法は、すべての科学の方法と同一である。経済学は事実を研究する。そして事実から結論を引き出すことができるように、事実を配列しようとする。常にそうであるが、事実は正しく配列されたとき、みずから

を語るものであるが、もし正しく配列されていなければ、それらは何も語ってくれない。われわれが学ぶべき大切なことの1つは、いかにして事実を正しく配列するかということである。仮に所与の事態において事実がある種の秩序を持つならば、それによってわれわれが述べることが可能となる他の事実もまた存在するということを、完全な確実性をもって、演繹することができるのである。

　分析的な方法は、単に、事実の複雑な配列の必然的な帰結——現実におけるその対応物が最初の仮定の対応物ほど直接には認められない帰結——を発見する方法である。それは所与の仮定のすべての意味内容を「ひろげる」ための手段である。経済学者はできるだけ自然科学者が用いるのと同じ「帰納」法を使用する。すなわち経済学者は事実を収集し、観察し、その基礎の上に一般法則を組み立てる。そしてそれらの一般法則を予見の基礎として利用する前に、できるだけこれを検証するのである。

　また、経済学者の仕事は「演繹」にもある。すなわち一般化されたものを存在するものと考え、それらを操作し結合して一見しただけでは明白には出てこない推論を引き出すのである。この仕事はきわめて重要かつ生産的であって、「単なる理論的な遊戯」として蔑視されるべきものでは決してない。しかし、演繹の性質はよく理解されていなければならないであろう。

1　経済法則：社会科学と自然科学

経済法則はいうまでもなく他の諸科学の法則と同様に一般的な傾向の記述であって命令ではない。一般に法則というとき、われわれはまず第1にこれを実証的な法則すなわち与えられた条件の下における2つまたはそれ以上の思考の対象、すなわち現象の間の必然的な関係の表象という意味に解する。この必然的な関係はこれを純粋に量的な関係の意味に解することもできるし、また時間的に先後相次ぐ事象の関係、すなわち原因・結果の関係の意味に解することもできる。後者の意味に解すれば、第2の事象は第1の事象の必然的な結果であるように考えられ、したがって法則は予想を立て、また実際に

応用することもできるものになる。法則は、同じ条件の下においては、同じような現象が規則的に回帰することを表現したものであるといわれるのは、そのことである。

経済学は他の社会科学に比べると次の点で幸運なものといえる。すなわち、経済的な事象は、それにはたらく動機が人間行為の他の大部分のものに比べて、概していっそう規則的かつ持続的であるために、これを科学的に処理する可能性がいっそう大きいのである。

しかし、科学的な手法、すなわち、この一連の手続き「観測による経験的な事実の収集―経験法則の樹立―仮説の設定―仮説の検証」を実行するに際して、他の種類の社会科学者ほどではないが、自然科学者に比べるとかなり不利な立場におかれる。それというのも、社会科学は、極度の多様性と不確実性をそなえた人間の行状を研究の対象としているだけに、自然科学のように実験室の中で観察のために切り離そうと思うすべての影響力の作用を遮断して、統御された実験を行うことはとうていできないからである。

2 実証的な科学としての経済学：統計学と数学

経済学は、それが実証的な科学であることを期する以上、現象の回帰を確定するだけではなく、何ゆえその現象が反復するかをも研究しなければならない。ただ、「与えられた条件の下においては」という前提は、自然科学の分野においては、大部分実験によってそなえることができる。だが、経済科学の分野においては、実験がほとんど不可能である。経済学者には注意深い観察による立証方法があたえられているにとどまる。

経済学者は統計学、すなわち「数をして語らしめる科学」、あるいは組織的な配列や処理によって「生(なま)」の数字的なデータから最も多くのものを学びとろうとする科学を武器として使用すべきである。それというのも、これこそ経済学者を締め出す「統御された実験」という方法の代わりに、経済学者が意のままに使いうる最良の代用品だからである。

数学的な方法を適用する際の大前提は、対象が1つの量として表現される

ということである。数量というものは、本来具体的な事物を抽象化することによってはじめて理解されるものである。数量の前提には、常に質の差異の捨象ということが含まれている。事実や数字は、それ自体としては、何事をも語るものではない。事実や数字は、それを分析し比較して原因を示唆しうるようにし、また予言を行うための仮説に使うようにして、はじめて意味を持つことになる。

　経済学を研究するに際しては、数学的な思考力があってもなくても「数量的な想像」をなす習慣、すなわち国民所得、賃金率、失業率、銀行預金額、利子率その他何であっても、経済諸量の大きさの程度がどれほどであろうか、と自問してみる習慣を養うべきである。

　経済学が扱ういろいろな概念は、主に一産業のみに関連しているのではなく、大部分の産業、あるいは全産業に関連して生じる。たとえば、「資本」や「所得」や「費用」のような概念はすべての経営問題で起こるのであるが、これらの用語こそとりわけ研究しなければならない種類の概念である。経済理論の主要な目的の1つは、これらの用語の概念を明確にとらえることにある。それは一見した際考えられたよりも、はるかに複雑なものであることがわかってくるはずである。

　まず第1に、これらの用語は、元来、実業家が経営目的のためにつくり出したものであった。しかし、周知のとおり、経済学者たちは実業家よりもさらに広い観点から実業界を研究しなければならないから、経済学者はこれらの用語の経営上の用法を理解するだけでなく、そのより広い社会的な意義をも了解しなければならない。さらに、この社会的な意義を究明しようとすれば、これらの概念がきわめて密接に関連し合っていることがわかる。「資本」の意味を理解しないで、「所得」の意味を完全に理解することは不可能であり、このことはその反対の場合にも当てはまる。

　したがって、経済理論は、おのずから1つの思想体系を形成する傾向を持っている。それというのも、われわれが検討しようとする問題は相互に関連しており、1つの問題に答えることは、他の問題に対する解答の手助けとも

なるからである。これらの概念のどの1つを完全に理解するにも、それを取り巻く周辺のものを完全に理解しなければならない。1つの問題に答えることは、いま1つの問題を問うことであり、こうして無限に進行していく。しかし、それはもちろん、1つの科学を成長せしめるような世界で、これらの重大問題のどれ1つを検討する場合にも、絶えず起こるところの問題でもある。

　最後に、経済学の特質は、おそらく、それと他の若干の学問——たとえば、心理学、法律学、政治学、論理学、倫理学、数学、統計学等々——との関係を、経済学自体の分野から取り出される類推を用いて考慮することにより、いっそう明白ならしめることができるであろう。J. M. ケインズは、『人物評伝』の中で、「経済学の研究には、なんらかの人並み外れて高次な専門的資質が必要とされるようには見えない。……それなのにすぐれた経済学者、いな有能な経済学者すら、類いまれな存在なのである。……彼はある程度まで、数学者で、歴史家で、政治家で、哲学者でなければならない。彼は記号もわかるし、言葉もはなさなければならない。彼は普遍的な見地から特殊を考察し、抽象と具体とを同じ思考の動きの中で取り扱わなければならない。彼は未来の目的のために、過去に照らして現在を研究しなければならない」と語っている。経済学をもっと深く学習するには、経済学以外の隣接科目を1つの補助的な学問としてとらえ、真摯に学ぶ姿勢が要求されるものといってよいであろう。

5　ミクロ的な分析とマクロ的な分析

1　ミクロ的な視野とマクロ的な視野の確立

　経済学の理論は、今日、「ミクロ」理論と「マクロ」理論に分けて、論究する風潮が確立されるようになった。最初から経済活動を全体としてとらえ、経済全体の仕組みや機能を研究するマクロ経済学と、企業や家計のような個別経済の行動を分析するミクロ経済学との間に、主要な区別を設けて、理論

的な取組みがなされるようになった。いまある1つの経済現象をとりあげて2つの論究方法を考察してみよう。たとえば、「失業の存在」という経済問題をミクロ的に究明する場合とマクロ的に究明する場合とでは、分析の手法にどのような違いがあり、またその問題を解決する仕方にはどのような相違がみられるのであろうか。

　ミクロ的な分析では、労働市場における労働の需要と供給の関係を通して、賃金という労働の価格がどのようにして決まるのかを研究する。その際、**賃金・価格の伸縮性**を仮定して分析を進める。価格が十分に伸縮的である場合には、古典派経済学の中心的な命題となっている「供給はそれ自らの需要をつくり出す」という原理が浮上してくることになる。これは「**J. B. セイの法則**」と呼ばれている。

　さて、仮に失業が存在しているとすれば、それは労働市場において労働の超過供給が発生したため生じたものであり、賃金が伸縮的に低下することにより労働の需給関係が調整され、失業は市場における**価格のパラメーター機能**を通じて自動的に解決されるものと考える。いわゆる「価格のメカニズム」が効率的にはたらいて、常に、完全雇用均衡が成立するという立場に立っての議論が展開されることになる。

　これに対して、マクロ的な分析では、一国経済全体の生産活動を総供給 (aggregate supply) と総需要 (aggregate demand) という集計的な概念でとらえ、全体としての経済活動水準と総需要との間に因果的な関係を認め、総需要が総供給を決定するという分析体系を機軸に、失業問題に取り組む。いわゆるケインズの「**有効需要の原理**」に基づいて問題を分析すると、失業は総需要すなわち有効需要が不足して起こる現象なのである。つまり総需要が不足しているため、経済全体の生産活動も縮小し、その結果労働需要も減少して、失業が発生するというふうに見立てるのである。ただし、古典派の場合とは違って、**賃金・価格の硬直性**を前提条件に分析を進めるところに大きな特徴がある。

　したがって、失業の発生は、単に、労働市場だけの問題ではないのである。

失業問題の解決には、政府が介入し何らかの適切な対策を講じる必要が出てくる。たとえば、政府は、家計の消費支出や民間企業の投資活動を刺激し需要の拡大に努めるとか、あるいは公共支出の拡大や減税など総需要を高める方針を策定しなければならないであろう。完全雇用の実現をはかるには、こうして、政府の果たす役割はいっそう重要なものになってくる。失業という1つの経済問題について、このように、ミクロ的に取り組む場合とマクロ的に論究する場合とでは、分析方法のみならず、問題の解決の仕方においても相当の違いがあることがわかるであろう。

2 経済制度と経済体制：現代の市場経済の仕組み

経済制度というのは、一国の総合経済とこれを構成する家計や企業などの個別経済との間の関係を規定する規範や原理のことである。これとは違って、一国特有の自然的・地理的な条件をそなえ、特殊な社会的な基盤や歴史的な背景を持ち、特定の法律や制度、慣行や慣習などで規定された具体的な国民経済の形態が経済体制と呼ばれる概念である。経済制度は一般的・抽象的・理念的な経済の姿であり、これに対して**経済体制**は現実に存在するままの具体的な経済の秩序のことをいう。この2つの概念をはっきりと区別しないまま混同して使われている場合が多い。1つの経済体制がやがてどのような経済体制に移行していくかという疑問に対しては、現実の条件がどの程度備わっているかによって定まってくるものということができよう。

われわれが生活している経済社会は、いわゆる自由市場経済と呼ばれる。その法律的な前提は私有財産制の下での経済的な自由である。消費選択の自由、職業選択の自由、営利の自由、契約の自由、住居移転の自由など、このような前提条件の下で、無数の企業や家計がそれぞれ自主的に意思決定を行い、それぞれが独立した生産計画や消費計画をさだめて、市場という場に参加し、そこで交換取引が行われる。その際、個別経済はそれぞれ買い手ないし需要者として、あるいは売り手ないし供給者として市場で出会うから、市場の価格メカニズムのはたらきが総合経済を運営する中心的な方式となる。

自由な経済活動をもとに市場のメカニズムを通じて需要と供給とが調整される、いわゆる資本主義的な経済体制とは対照的に、経済活動が最初から国家の計画と管理によって運営される社会主義的な計画経済は、歴史が示すように、その非効率性のゆえに破綻した。しかし、基本的な経済問題、たとえば「雇用の問題」のように、市場のはたらきだけにまかせておいては、望ましい解決が得られない場合も多い。今日、問題の解決に政府の経済活動が重要な役割を果たしている事実をみれば、よくわかるはずである。市場が十分に調整機能を果たすには、市場は競争的で価格は伸縮的に機能しなければならない。だが、現実は価格が硬直的で不完全競争市場が支配する形態となっている。現代の市場経済体制は、市場にいわば「競争的な要因」と「独占的な要因」とが混じり合い、さらに私的な生産活動と公的な経済活動とが混在するような形の「混合経済」(mixed economy) 体制ともいうべきものになっているのである。

参考文献
大野信三『社会経済学』千倉書房、1994 年
ケインズ，J. M.（大野忠男訳）『人物評伝』ケインズ全集第 10 巻、東洋経済新報社、1980 年
サムエルソン，P.・ノードハウス，W.（都留重人訳）『経済学（上・下）』〔第 13 版〕岩波書店、1992-93 年
島田千秋・里見常吉編著『経済学基礎理論』中央経済社、1996 年
ヒックス，J. R.（酒井正三郎訳）『経済の社会的構造』同文館、1970 年
ロバートソン，D. H.（森川太郎・高本昇訳）『経済原論講義』東洋経済新報社、1960 年
ロビンズ，L.（辻六兵衛訳）『経済学の本質と意義』東洋経済新報社、1957 年

ミクロ経済学

第1章

消費者の行動と需要曲線

1 消費者の目的

　スーパーマーケットでの食料品の購入、カジュアル衣料専門店での衣服の購入、家電量販店での電化製品の購入、レストランでの外食、旅行でのホテルの宿泊など、われわれは日々多くの財・サービスを購入している。このような財・サービスの購入をする際に、われわれ消費者は非常に多くの意思決定をする。まず、ある財・サービスを購入するのかどうか、いつ購入するのか、どの店で購入するのか、どのメーカーのどの商品を購入するのかなど、意識的にあるいは無意識のうちにこれらの点について決定を下した結果ある財・サービスを購入するのである。そのような消費者の意思決定の原則を明らかにして、そこから各財・サービスの需要曲線を導くことが本章の目的である。

　財・サービスを購入する際に、消費者は2つの大きな制約に直面していると考えられる。1つめの制約は財・サービスの価格である。売り手との交渉を通じて価格を変更させる可能性がまったくないわけではないが、通常は個々の消費者にとって価格は動かすことのできない与件である。2つめの制約は所得である。これは個々の消費者にとって完全に与件というわけではない。たとえば、以前より長時間働くという選択をすることで消費者は自分の所得を増やすことができる。しかし、消費に関する意思決定をする際には、所得つまり使える金額に限りがあると考えて決定を下すほうが一般的であろ

う。以下では、説明が簡明になるということも考慮して、消費者にとって財・サービスの購入に使える所得（予算）は与件であるとしよう。

　所得と価格が与えられた下で消費者に残されたのはそれぞれの財・サービスの購入数量の決定である。消費者は予算の範囲内であればさまざまな財・サービスを好きなだけ購入することができる。消費者の前には多くの選択肢がある。その中である特定の財・サービスをある特定の量だけ購入するという選択をしているわけだが、そのような選択の基準はどこにあるのだろうか。具体的に、ジュースとミルクの2財だけを購入する消費者を考えてみよう。予算内でジュースを2ℓ、ミルクを1ℓ買うことができ、逆にジュース1ℓ、ミルクを2ℓ買うこともできるとする。ある消費者がジュース2ℓ、ミルク1ℓの組合せを選んだとすると、それはこの消費者にとって他の組合せよりもこの組合せのほうが望ましかったからということになる。もう少し別の言い方をすると、消費者は財・サービスを購入してそれを消費するとき、予算の範囲内で自分の満足がなるべく大きくなるような組合せを選ぶということになる。別の消費者はジュース1ℓとミルク2ℓの組合せを選ぶかもしれない。どちらを選ぶかは、まさにその消費者の好みによるのである。

　経済学では消費者の満足度を**効用**と呼ぶ。以下では、「消費者は限られた予算の下で自らの効用が最も大きくなるように財・サービスを購入し消費する」として話を進めていこう。

2　*消費者の選好*

　一般にその財・サービス（以下では簡単化のため財とする）の消費量が多くなるほど消費者の効用も大きくなると考えられるので、消費する財・サービスが1種類しかない場合は消費者の行動はきわめて単純になってしまう。つまり、予算限度内までその財を購入すれば効用は最も大きくなる。複数の財の組合せを選択できるという状況の下で消費を行うのが一般的であるので、財の数は2として話を進める。もっと多くの財の組合せを考えるほうが現実的

であるかもしれないが、3財以上の場合と比べて2財の場合は平面図を用いた平易な説明が可能である。また、2財の場合でも3財以上の場合でも需要曲線を導くといった本質的な部分はほとんど変わらない。

1 選好順序

2財の場合で消費者の嗜好という問題をやや詳しく考えてみよう。2財をジュースとミルクとしてその消費量をそれぞれ J, M で表そう。また、消費の組合せを (J, M) と表す。消費量の単位を ℓ とすると、ジュース 2ℓ、ミルク 1ℓ の組合せは $(2, 1)$ と表すことができる。

われわれがある消費の組合せを選ぶのは、その組合せのほうが他の組合せよりも大きな効用が得られるからである。このような判断ができるためには、異なる2つの消費の組合せについて常に順序をつけることができればよい。このような順序を**選好順序**と呼ぶ。たとえば、2つの異なる消費の組合せ $(2, 1)$ と $(1, 2)$ については、$(2, 1)$ をより好む、$(1, 2)$ をより好む、$(2, 1)$ と $(1, 2)$ には差がないという3つの順序の可能性があり、どの順序になるかは、消費者によって異なってもよい。最後のケースでは、2つの消費の組合せは**無差別**であるという。無差別な消費の組合せは、その消費者に同じ効用をもたらす消費の組合せである。

2 無差別曲線

図1-1は横軸にジュースの消費量、縦軸にミルクの消費量をとっている。したがって、この平面上の各座標はジュースとミルクの特定の消費量の組合せに対応する。この図の中で消費者の嗜好を表すことを考えよう。

点 A は $(2, 1)$ という組合せである。ここからスタートしよう。いま、ジュースの量を 2ℓ のままにしてミルクの量を 1ℓ から 1.1ℓ に増やすと、点 A から点 B に組合せが移動して通常消費者の効用は増加する。つまり、点 A の組合せより点 B の組合せのほうが消費者に大きな効用をもたらす。今度はミルクの量を 1ℓ のままにしてジュースの量を 1.8ℓ に減らそう。点

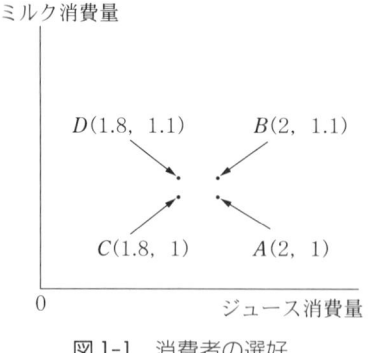

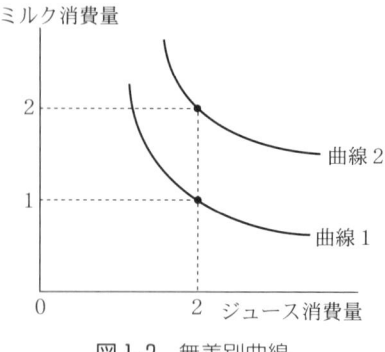

図1-1 消費者の選好

図1-2 無差別曲線

　Aから点Cへの移動では明らかに消費者の効用は減少する。しかし、ジュースの量を$1.8\ \ell$に減らすと同時にミルクの量を$1.1\ \ell$に増やしたらどうなるだろうか。つまり点Aと点Dの比較である。この場合は、「AよりD」、「DよりA」、「AとDは無差別」の3つの可能性のどれになってもおかしくない。どれになるかはまさに消費者の好みによるのである。つまり、個々の消費者によって組合せは異なるが、ある消費の組合せと無差別となる別の消費の組合せをこの平面上で考えることができる。このような無差別な組合せは、財の消費量を細かく分割していくことが可能であると無数に存在し、それらの点を結ぶと1つの曲線が平面上に描ける。これまでの説明から、そのような曲線は原則として右下がりになることがわかる。このような曲線を**無差別曲線**と呼ぶ。

　図1-2はそのような無差別曲線を描いたものである。曲線1は$(2,1)$と同じ効用をもたらす組合せを結んだ無差別曲線、曲線2は$(2,2)$と同じ効用をもたらす組合せを結んだ無差別曲線である。このように同じ平面上には無数の無差別曲線を描くことができる。別のいい方をすると、平面上のすべての座標は1つの無差別曲線上にあるということになる。

　異なる無差別曲線の間で、
　①異なる効用をもたらす無差別曲線は交わらない。
　②右上にある無差別曲線上の消費の組合せがより大きな効用をもたらす。

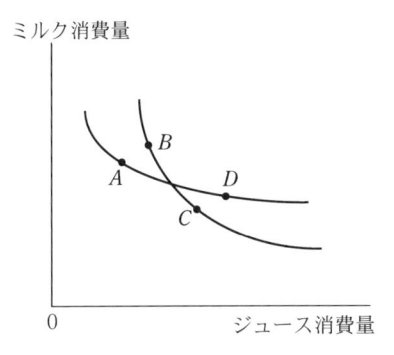

図1-3 2つの無差別曲線は交わらない

という性質がある。①については図1-3のように無差別曲線が交わっている状態では矛盾が生じることを簡単に示すことができる。点Aと点Bでは2財とも消費量の多い点Bのほうが効用は大きい。また、点Bと点Cは同じ無差別曲線上にあるので同じ効用をもたらす。さらに、点Cと点Dでは2財とも消費量の多い点Dのほうが効用は大きい。したがって、点Aより点Dのほうが効用は大きい。ところが、点Aと点Dは同じ無差別曲線上にあるので効用は等しくなければならない。このような矛盾が生じるのは無差別曲線が交わっているためである。したがって、無差別曲線は互いに交わらない。②の性質は、2財ともに消費量が増えると効用が増える財である限り明らかであろう。

③ 限界代替率

無差別曲線にはもう1つ重要な性質がある。図1-2の無差別曲線はその性質も満たしている。それは、無差別曲線は単に右下がりであるだけではなく、原点に対して凸の形状をしているということである。この性質は無差別曲線の接線の傾きの絶対値が、横軸にとった財の消費量が増えるに従って低下していくということを意味している。それでは無差別曲線の接線の傾きの絶対値は何を表しているのだろうか。図1-1の点Aから点Dへの移動について説明したように、無差別曲線の接線の傾きの絶対値は、ジュースの消費量を

わずかに減少させたときの減少分と、ジュースの消費量の減少前と同じ効用を保つために必要なミルクの消費の増加分の比率である。この比率は $\Delta M/\Delta J$ と表すことができ（Δは増加分を表す記号）、1単位のジュースの減少を補うミルクの増加分、つまりこの消費者にとっての1単位当たりのジュースの価値をミルクの量で表したものになっている。先の図1-1の点 A から点 D への移動の例では、もしこの移動で消費者の効用に変化がないとすると、ジュース1 ℓ の価値はミルク0.5 ℓ 分ということになる。

　無差別曲線の接線の傾きの絶対値は、横軸にとったジュースに対する消費者の主観的な価値（ミルクで測ったジュースの価値）を表している。したがって、無差別曲線が原点に対して凸になっているということは、いまの例ではジュースの消費量が増えるに従って消費者にとってジュースの主観的価値あるいは重要度が低下していくことを意味している。これはあくまでも1つの仮定であるが、すでに十分な量の消費をしている財を、消費量が少ない財との比較であまり重くみないということは多くの場合について当てはまると考えられる。いくら自分の好物であってもあまり続けて食べていると最後には飽きてくるということは誰でも経験のあることであろう。無差別曲線の接線の傾きの絶対値は**限界代替率** (Marginal Rate of Substitution：MRS)、より正確には横軸にとった財の縦軸にとった財に対する限界代替率と呼ばれる。無差別曲線が原点に対して凸の形状をしているということは、横軸にとった財の消費量が増えるに従って限界代替率が逓減するといいかえることができる。

3　消費者の予算制約

　今度は、ジュースとミルクの消費量の組合せを表す平面上で消費者の直面する制約条件を表そう。ジュースとミルクの価格を P_J, P_M、消費者の所得を I とすると消費者の制約条件は次のように表すことができる。

$$P_J J + P_M M \leq I$$

この式を変形すると、

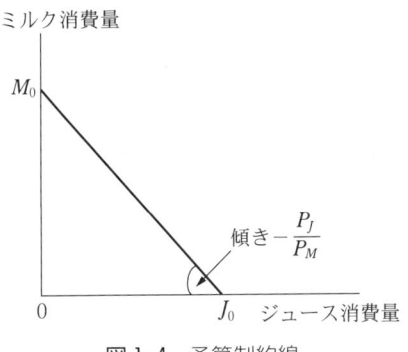

```
           ミルク消費量
           │
        M₀ │╲
           │ ╲
           │  ╲
           │   ╲
           │    ╲  傾き −P_J/P_M
           │     ╲↙
           │      ╲
          0└───────╲────────
                   J₀   ジュース消費量
```

図 1-4　予算制約線

$$M \leq \frac{I}{P_M} - \frac{P_J}{P_M}J$$

となり、この領域は図 1-4 では三角形 $0 J_0 M_0$ で表される。この三角形の 3 辺およびその内部の組合せは予算内で消費が可能である。この領域を**消費可能集合**と呼ぶ。直線 $M_0 J_0$ 上の組合せを選んだときには予算は全部使い切ったということになる。この直線を**予算制約線**と呼ぶ。予算制約線の傾きの絶対値はミルクの価格とジュースの価格の比率である。これは、ジュース 1 単位でミルクが何単位買えるかを表しているので、ジュース 1 単位の市場における価値をミルクの量で表したものである。

4　最適な消費量の決定

　図 1-5 には消費者の無差別曲線と予算制約線を重ねて描いてある。たとえば、この図の点 A の組合せは予算制約線上にあるので消費は可能である。一方、より右上の無差別曲線上にある点 B の組合せは予算オーバーとなってしまう。しかし、点 B と同じ無差別曲線上にある点 C での消費は可能であり、明らかに点 A よりも消費者の効用は大きい。効用の最大化をめざしている消費者は当然点 A の組合せよりも点 C の組合せを選択する。
　それでは、消費者の効用が最大になるような組合せはどこになるのだろう

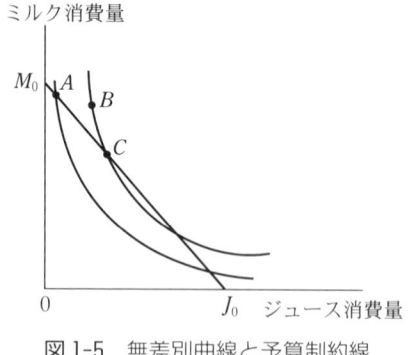

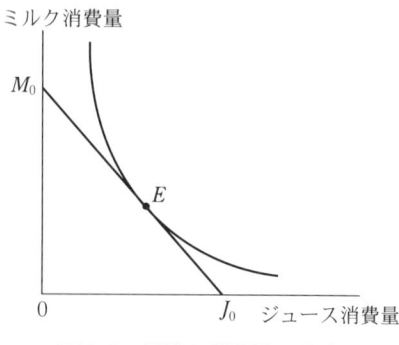

図 1-5　無差別曲線と予算制約線　　　図 1-6　最適な消費量の決定

か。図 1-6 の点 E がその答えになる。点 E を含む無差別曲線はこの点で予算制約線に接している。この無差別曲線上の点 E 以外の点では予算制約は満たされない。また、この無差別曲線より右上の無差別曲線上には予算制約を満たすような点は存在しない。したがって、予算制約内で最も大きな効用をもたらす消費の組合せは点 E であり、消費者はこの点での消費を選択する。なお、このような説明ができるのは、無差別曲線の形状が原点に対して凸であるからである。

点 E では無差別曲線の接線の傾きの絶対値である限界代替率と予算制約線の傾きの絶対値である 2 財の価格比が等しくなっている。つまり、消費者の効用が最大となる条件は、

$$限界代替率(MRS) = 2 財の価格比\left(\frac{P_J}{P_M}\right)$$

である。この式の左辺はミルクの量で表したジュースの主観的価値、右辺はミルクの量で表したジュースの市場での価値である。$MRS > P_J/P_M$ であれば、消費者にとってジュースを 1 単位増やすことで失われる価値 (P_J/P_M) より得られる価値 (MRS) の方が大きいので、ミルクの消費量を減らしてジュースの消費量を増やすことが望ましい。$MRS < P_J/P_M$ であれば、逆にジュースの消費量を減らしてミルクの消費量を増やすことが望ましい。結局、等号が成立したときだけこれ以上消費量を動かす理由はなくなる。

5　所得の変化

1　上級財、中級財、下級財

消費者にとって与件である所得と価格が変化すると、効用を最大にする消費量の組合せも変化する。まず、価格は不変で所得が変化した場合を考えよう。

所得 I が増加すると、予算制約線の切片 I/P_M は上昇するが、傾き P_J/P_M は変化しない。したがって、図 1-7 で示されているように、予算制約線は右上に平行にシフトして消費可能集合は拡大する。使える金額が増えたので、これまでより各財の消費量を増やすことが可能となったのである。図 1-7 には最適な消費量の組合せも示されている。点 A から点 B へ最適な消費量の組合せが変化して、ジュースとミルクの消費量はともに増加する。

しかし、所得が増加したときに消費者がすべての財の消費量を増加させるとは限らない。図 1-8 の (a) ではミルクの消費量は変化していないし、図 1-8 の (b) ではミルクの消費量は減少している。日々の消費の中で、われわれは所得が増えたからといって必ずしもすべての財の消費を増やすわけではない。したがって、図 1-8 のような結果が得られることは不自然ではない。

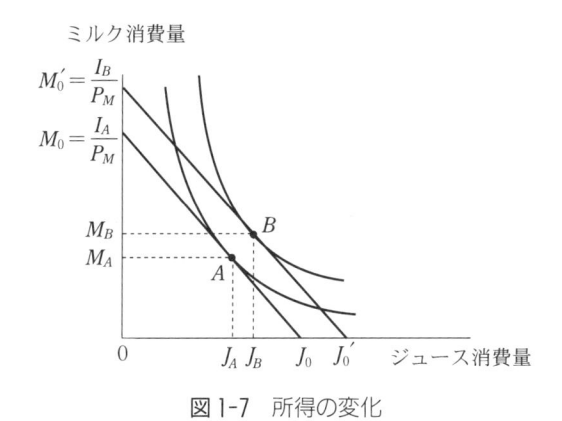

図 1-7　所得の変化

(a) 中級財のケース　　　　(b) 下級財のケース

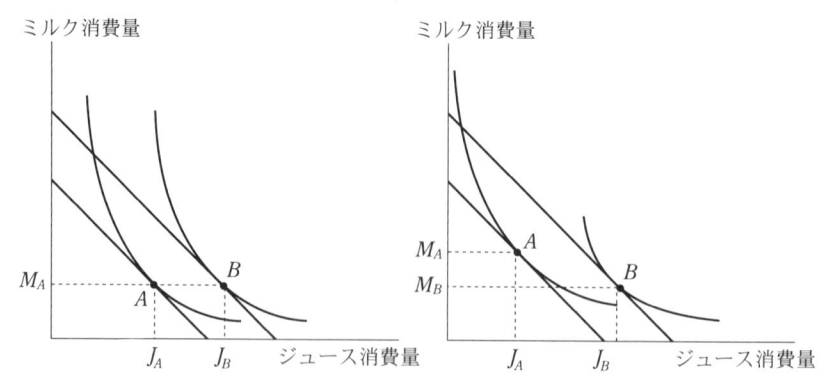

図1-8　所得の変化：ミルクが中級財と下級財のケース

　価格が不変で所得だけが増加したときに消費量が増加する財は**上級財**あるいは**正常財**、消費量が不変の財は**中級財**あるいは**中立財**、消費が減少する財は**下級財**あるいは**劣等財**と呼ばれる。所得の増加とともに消費量も増えるということはごく自然なことで、多くの財は上級財と考えられる。しかし、このことは必ずしもすべての財に当てはまるわけではない。下級財は、所得が増加する、つまり豊かになるにつれて人々が消費を減少させる財である。例えば、戦後のわが国の食生活の変化をみると、米と他の食品の組合せを考えたとき米は下級財と考えることができるかもしれない。ただし、戦後人々が豊かになるにつれて米の消費が減少したとしてもそれだけでは下級財と言い切ることはできない。米と他の食品の価格比（相対価格と呼ぶ）も同時に変化しているからである。そのほかに、学食の安いランチと高いランチ、在来線の各駅停車の利用と新幹線の利用、国内旅行と海外旅行などの組合せで前者が下級財となっている可能性がある。

2　所得消費曲線、エンゲル曲線

　所得が連続的に増加していくと、図1-9(a)のように最適な消費の組合せも変化していく。この最適な消費の組合せを結んだ曲線を**所得消費曲線**と呼

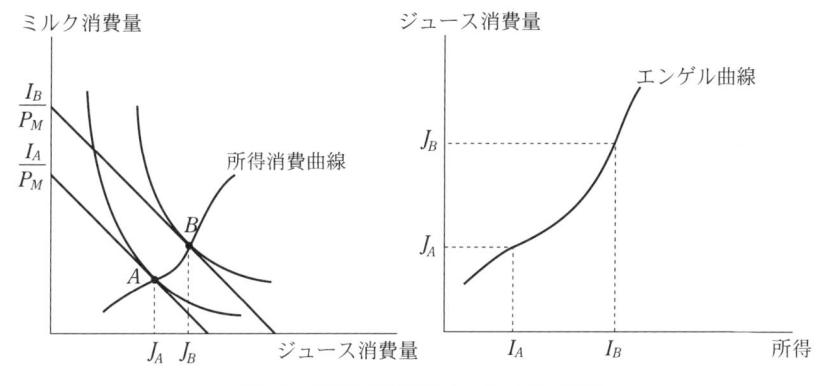

図1-9 所得消費曲線とエンゲル曲線

ぶ。図1-9(b)は横軸に所得、縦軸にジュースの消費量をとってその関係を描いたものである。この曲線は**エンゲル曲線**と呼ばれる。エンゲル曲線の傾きは、上級財では正、中級財ではゼロ、下級財では負となる。また、所得の1％の変化に対する消費量の変化率（％）を**消費の所得弾力性**と呼ぶが、これも上級財では正、中級財ではゼロ、下級財では負となる。

　所得が増加すると消費量が増加する上級財の中には、大きく消費量が増加する財とあまり消費量が増加しない財がある。たとえば、食料品全体の消費量は所得が増加してもそれほど大きく増加しないだろう。このような財は**必需品**に多く、消費の所得弾力性は1より小さい。一方、旅行やレジャー用品などは所得が増加すると消費量は大きく増加する。このような財は**奢侈品**に多く、消費の所得弾力性は1より大きい。「消費支出に占める食費の割合は所得の増加とともに低下する」という経験法則は**エンゲル法則**と呼ばれているが、この法則から、食料品消費の所得弾力性は1より小さいということがわかる。

6　価格の変化

今度は価格の変化を考えよう。ただし、重要なのは個々の価格の変化ではなく2財の価格の比率つまり相対価格の変化である。たとえば、ジュースの価格とミルクの価格がともに2倍になっても予算制約線の傾きは変化せず、切片が低下するだけである。つまり、すべての価格が比例的に変化する場合は、価格の変化ではなくむしろ所得の購買力（実質所得）が変化したとみるべきなのである。

1　需要曲線

所得 I とミルクの価格 P_M は一定でジュースの価格 P_J だけが低下したとしよう。もちろん相対価格は変化している。図1-10は、このときの予算制約線のシフトとそれに伴う最適な消費の組合せの変化を示したものである。最適な消費の組合せは点 A から点 B へ移り、ジュースの消費量もミルクの消費量も増加している。

図1-11(a)には、ジュースの価格を動かしていったときの最適な消費量の

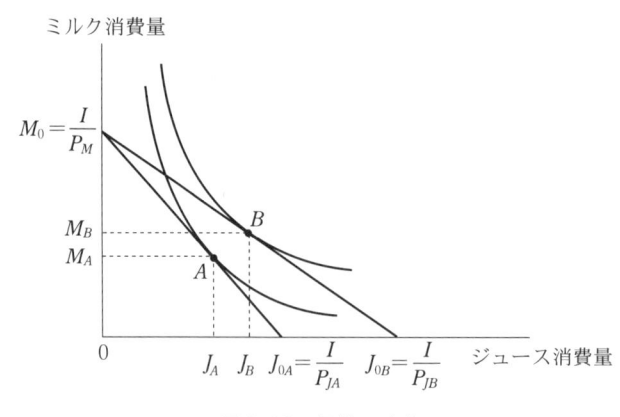

図1-10　価格の変化

　　　　(a) 価格消費曲線　　　　　　　(b) 需要曲線

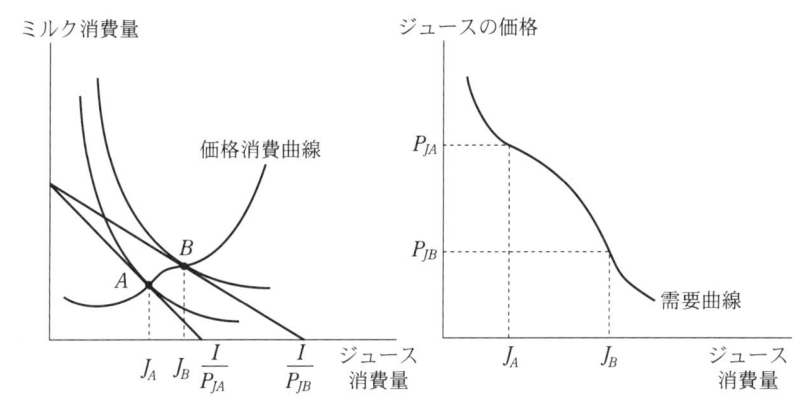

図 1-11　価格消費曲線と需要曲線

組合せを結んだ曲線を示している。この曲線は**価格消費曲線**と呼ばれている。一方、図 1-11(b)は縦軸にジュースの価格、横軸にジュースの消費量をとって両者の関係を描いたものである。この右下がりの曲線がジュースの**需要曲線**を表している。ジュースの需要曲線は、消費者の所得と他の財の価格が一定のときに、ジュースの価格と消費者にとって効用が最大になるようなジュースの消費量の関係を示したものである。また、以上の説明から、消費者の所得や他の財の価格が変化すると、需要曲線の位置がシフトすることは明らかである。

　なお、個々の消費者の需要曲線を水平方向に足し合わせていくと、市場全体の需要曲線を得ることができる。個々の消費者の需要曲線が右下がりであれば、市場全体の需要曲線も右下がりになる。

2　代替効果と所得効果

　図 1-11 で導いた需要曲線は右下がりである。ジュースの価格が下がればジュースの消費量が増えるのは当然であると考えられるが、所得の変化を考えたときの下級財のように消費量が減少することはないのだろうか。つまり、

第 1 章　消費者の行動と需要曲線

需要曲線は常に右下がりなのだろうか。また、図1-10や図1-11(a)では、ミルクの価格は相対的に上がったにもかかわらずミルクの消費量は増加している。これはなぜだろうか。また、ミルクの消費量が減少することはないのだろうか。これらの疑問に答えるためには、価格が変化することの意味をもう少し厳密に考えなければならない。

図1-10や図1-11(a)をみると、ジュースの価格が低下したことで消費可能領域が拡大している。これは、ジュースの価格が低下したことで所得Iの購買力が増加したことによるものと解釈できる。つまり、ジュースの価格低下が最適な消費の組合せに与える影響は、ジュースが相対的に安くなりミルクが相対的に高くなったという効果と消費者の実質所得が増えたという効果の2つに分けて考えることができる。前者は**代替効果**と呼ばれ、この効果だけで考えると2財のケースでは価格が低下した財の消費は必ず増加し、もう一方の財の消費は必ず減少する。また、後者は**所得効果**と呼ばれ、価格が一定で所得が変化したときの効果と同様に考えることができる。したがって、その財が上級財か中級財か下級財かに応じて消費量はそれぞれ増加、不変、減少となる。図1-12は、この2つの効果を示したものである。直線lはジュースの価格が低下した後の傾きを持つが、価格が低下する前の最適な消費

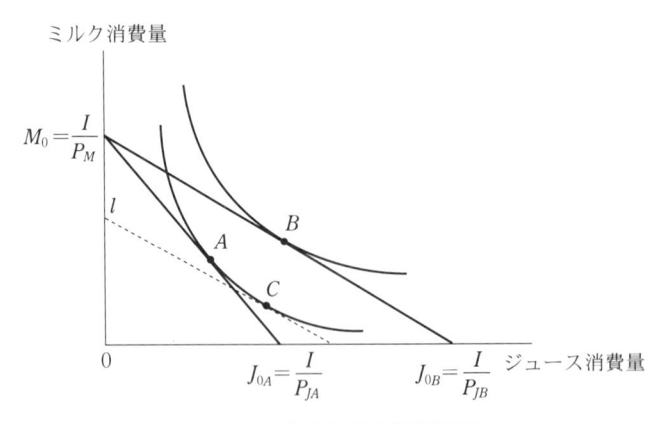

図1-12 代替効果と所得効果

の組合せである点 A が含まれる無差別曲線に接している。したがって、点 A から点 C への消費の組合せのシフトは効用が不変という制約の下で相対価格の変化によって生じるジュースとミルクの代替を表しており、代替効果と考えることができる。無差別曲線が右下がりである限り、ジュースの消費量は増加し、ミルクの消費量は減少する。一方、点 C から点 B へのシフトは予算制約線の平行移動によるものであり、先に説明した所得の変化とまったく同様に考えることができる。図1-12の変化では2財がともに上級財なので、所得効果によって両財の消費量は増加している。

3　ギッフェン財

ここで、まず、価格が低下したジュースについて考えよう。代替効果は必ず正であり、また上級財であれば所得効果も正であるから消費量は必ず増加する。つまり、需要曲線は右下がりになる。ジュースが下級財であっても、正の代替効果が負の所得効果を上回れば消費量は増加し、需要曲線は右下がりになる。ジュースが下級財でかつ負の所得効果が正の代替効果を上回るほど大きい場合だけ、消費量が減少し需要曲線が右上がりになる。このような財は**ギッフェン財**と呼ばれる。

4　粗代替財と粗補完財

次に、ジュースの価格が低下したときのミルクの消費について考えよう。ミルクが下級財のときは、代替効果も所得効果も負になるので消費量は必ず減少する。一方、ミルクが上級財のときには、負の代替効果が正の所得効果を上回ればミルクの消費量は減少する。反対に、正の所得効果が負の代替効果を上回ればミルクの消費量は増加する。ジュースの価格が低下したときにミルクの消費量が減少する場合、ミルクはジュースの**粗代替財**であるという。また、消費量が増加する場合は、ミルクはジュースの**粗補完財**であるという。ここで、「粗」という言葉は、代替効果と所得効果の両方を考慮しているということを意味している。

図1-13 粗代替財

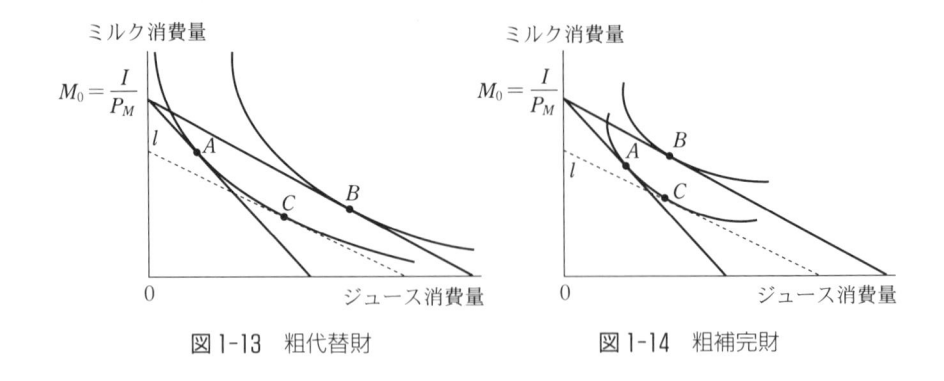

図1-14 粗補完財

　消費者が図1-13のような直線に近い無差別曲線を持っているときは、この消費者にとってジュースとミルクの代替の程度は高い。いいかえると、この消費者にとってジュースとミルクはどちらでも同じような飲み物なので、ジュースの価格が低下するとジュースの消費量を大きく増やし、ミルクの消費量を大きく減らす。したがって、ミルクが上級財であって所得効果が正であっても消費量は減少する。これが、粗代替財のケースである。

　一方、図1-14のような無差別曲線をもつ消費者にとってはジュースとミルクの代替の程度は小さい。ジュースとミルクの代替は可能であるが、ジュースの価格が低下してもそれほど大きくジュースの消費量を増やしたり、ミルクの消費量を減らしたりはしない。したがって、ミルクが上級財であると所得効果が負の代替効果を上回り消費量は増加する。これが、粗補完財のケースである。

参考文献
奥野正寛『ミクロ経済学』〔第2版〕日経文庫、日本経済新聞社、1990年
武隈慎一『演習ミクロ経済学』新世社、1994年
武隈慎一『ミクロ経済学』〔増補版〕新世社、1999年
西村和雄『ミクロ経済学入門』〔第2版〕岩波書店、1995年
西村和雄『ミクロ経済学』〔第2版〕岩波書店、2001年

第2章

企業の行動と供給曲線

1 企業の目的

 われわれのまわりでは、さまざまな企業が活動している。企業活動の最も基本的な部分は、財・サービスを生産して市場で販売することである。そのような経済主体は生産者と呼ぶこともできるが、本書では日常的にもよく用いられる「企業」という言葉を用いる。なお、駅前商店街の個人商店のような生産者を通常企業とは呼ばないが、ここで用いる企業にはそのような生産者も含まれている。

 企業のホームページをみると、その企業の理念や目的が示されている。そこには、「顧客満足度の向上」、「社会的貢献」といった言葉が掲げられていることが多い。しかし、経済学では企業の目的は利潤の最大化であると考える。何年も赤字を続けている、つまり利潤のマイナスが続いている企業は存続できない。「少しでもコストを下げる」、「少しでも多く売る」、「消費者に受け入れられる製品を開発する」、「マーケットシェアを拡大する」など、企業が掲げるさまざまな目標の根底にある共通の目的を利潤の最大化と考えることは妥当であろう。また、前章で述べたように消費者の目的を効用の最大化とするのに対して、企業の目的を利潤の最大化とすることによって、消費者の場合と同じような方法で企業の行動を説明できるのである。

2 企業が直面する市場および技術制約

1 プライステイカーの仮定

　企業は財・サービスを生産して、市場で販売する。生産を行うためには労働力、機械、原材料などのさまざまな**生産要素**が必要で、これらの生産要素も市場で購入する。企業は生産物を販売する生産物市場、生産要素を購入する生産要素市場の2種類の市場に参加し、生産物価格と生産要素価格の2種類の価格に直面している。

　企業はこれらの市場で価格を与件として行動すると仮定しよう。この仮定は**プライステイカー**（price taker：価格受容者）の仮定と呼ばれる。ちょうど個々の消費者が財・サービスの価格を動かすことができないのと同じように、個々の企業はみずから販売する財・サービスの価格、生産のために購入する生産要素の価格を動かすことはできないと仮定する。消費者の場合にこの仮定がおかしなものであると感じられないのは、多くの場合、1人1人の消費者の購入量が市場全体の取引量に比べて無視できるほど小さいからである。企業の場合も生産要素に関してはこの仮定は自然なものと考えられる。たとえば、ある企業が従業員の数を2倍に増やしても、通常はそれが原因で労働サービスの価格である賃金が上昇するとは考えられない。この企業は、市場で成立している賃金でこれまでの2倍の従業員を雇うことができるのである。

　一方、生産物市場ではどうだろうか。企業がプライステイカーであるということは、生産した財・サービスを市場で成立している価格でいくらでも売れるということを意味する。これは、企業活動に関してわれわれが持っているイメージからはほど遠い。いかに多く売るかということが企業にとって最大の関心事で、そのために宣伝・広告、新製品の開発、コスト削減、サービス向上などに取り組んでいる。生産した分が価格も下げずに常に売れるのであれば、こんなに楽なことはない。

　企業の行動を説明するときに、非現実的とも思えるプライステイカーの仮

定をおくことにはいくつか理由がある。まず、第1に、この仮定は、市場に非常に多くの企業が存在して同質的な財・サービスを生産している場合には無理のないものである。このような市場としてすぐ思い浮かぶのは農産物市場くらいであるが、他の市場でも1つの企業の生産量の変化が市場価格に与える影響が非常に小さいと考えられるケースは少なくない。第2に、この仮定をおくことで企業の行動は非常に単純になる。これから説明するように、企業は生産量だけを決めればよい。プライステイカーの仮定をはずした企業の行動は、第4章で説明される。そこで説明される企業の行動は本章で説明される企業の行動よりもはるかに現実的なものであるが、本章での説明を基礎としてその上に組み立てられるのである。つまり、企業の行動を説明する第一歩として、プライステイカーの仮定を用いるのである。

2 生産関数

いくらでも売れるのであれば、できるだけ多く生産して売ればいいということにならないだろうか。企業の目的が売上高を最大にすることであれば、それでよいかもしれない。しかし、企業の目的が利潤の最大化であると、生産量をただ増やしていけばよいということにはならない。生産量を増やすとそのために必要な生産要素の購入量も増えることになる。その購入に対する支払いが生産の費用である。利潤は売上高マイナス費用であるが、生産量を増やしていくと売上高も費用も増えていくため、利潤がどうなるかはわからない。生産量と利潤の関係を明らかにするために、まず、生産量と生産要素投入量の関係を考えよう。

どれだけの生産要素を投入すればどれだけの生産ができるのかという生産に関する技術的な側面を**生産関数**という関数で表す。生産要素は通常は複数あるので、その投入量を $X_1, X_2, \cdots, X_n$ と表す。たとえば、X_1 は労働投入量（労働者数×労働時間）、X_2 は機械の台数といったものになる。生産量は Y で表す。生産関数は次のようになる。

$$Y = F(X_1, X_2, \cdots, X_n)$$

この関数はどのような性質を持っているだろうか。まず、X_2からX_nを固定してX_1だけを増やしていこう。具体的に理容サービスを生産している理容室を考えよう。設備など他の生産要素は一定として従業員の数だけを増やしていく。従業員の数が増えれば交代で休むことができるので椅子が空いている状態は少なくなり（プライステイカーであるから客は常に待っている状態である）、扱う客の数つまり生産量は増加する。しかし、従業員の数を増やし続けていくと生産量は常に同じように増加していくだろうか。椅子の数が一定であるから、最初は従業員の数が増える影響は大きい。たとえば、椅子が5つとしよう。従業員が2人から3人に増えたときの生産量の増え方は、6人から7人に増えたときの生産量の増え方よりも大きいだろう。これで、

（Ⅰ）　他のすべての生産要素の投入量を一定とし、ある生産要素の投入量を増加させると生産量は増加する。

（Ⅱ）　ただし、そのときの生産量の増え方は、生産要素投入量が増加するにつれて小さくなる。

という前提の下で話を進めることができる。他のすべての生産要素の投入量を一定とし、ある生産要素の投入量を増加させたときの生産量の増加分を**限界生産物**（あるいは**限界生産力**、**限界生産性**）と呼ぶ。上記の前提は、

①限界生産物は正である。

②限界生産物は投入量の増加とともに逓減する（徐々に小さくなる）。

とまとめることができる。本章では、これから右上がりの短期供給曲線を導出するが、供給曲線が右上がりになるのは、ここで述べた②の前提があるからである。

以上の結果を図にまとめておこう。縦軸に生産量、横軸に生産要素投入量をとってこれらの関係を描くと、図2-1のようになる。限界生産物は曲線OAの接線の傾きである。また、原点と曲線OA上の各点を直線で結んだときの角度aは生産要素投入量1単位当たりの生産量の大きさを表し、**平均生産物**（平均生産力、平均生産性）と呼ばれる。図から明らかなように、生産要素投入量の増加とともに平均生産物も逓減する。

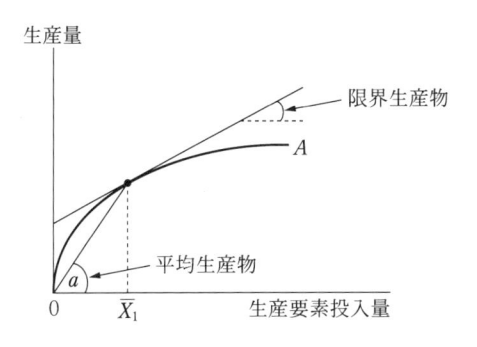

図 2-1　限界生産物と平均生産物

さて、これからこのような技術制約の下での企業の利潤最大化行動を考えていくわけだが、それを次のような2つの段階に分けて考える。

① 生産量が与えられた下での費用の最小化。プライステイカーで生産量も与えられると売上高は決まってしまうので、この場合は利潤の最大化と費用の最小化は同じことになる。この段階で決まるのは、複数の生産要素の最適な組合せである。

② 第1段階で生産量ごとに最小の費用がわかる。その生産量と最小費用の関係は**費用曲線**と呼ばれる。この費用曲線を用いて、利潤が最大になる生産量を決めることができる。

それでは、まず費用の最小化について考えよう。

3　生産量が与えられた下での費用最小化

1　等量曲線

話を簡単にするために労働力（X_1）と機械（X_2）の2種類の生産要素だけを用いて生産を行う企業を考えよう。目的は、一定の生産量を達成するために最も費用がかからない方法をみつけることである。これは、複数の生産要素をどのように組み合わせるかという問題といいかえてもよい。たとえば、工場のある工程を人間の手作業で行うかロボットを導入するかという問題で

ある。ロボットを導入すると機械の投入量が増え労働の投入量は減る。駅の自動改札の設置、ホームの自動ドアの設置（電車の乗務員を1人にすることができる）、銀行のＡＴＭの増設と人のいる窓口の削減など、われわれの身のまわりでもこのような例を数多く観察することができる。

　生産技術というのは固定的であるというイメージがある。たとえば、タクシー会社であれば車1台に運転手1人という組合せ以外は考えられない。しかし、上であげたように同じ生産をするのにいろいろな生産要素の組合せを考えることができるほうがむしろ一般的である。このような生産要素間の関係は、前章で説明した消費者が購入する2財の関係とよく似ている。消費者はある財の消費を減らしても他の財の購入を増加させることで同じ効用水準を維持できる。同様に、企業もある生産要素の投入量を減少させて他の生産要素の投入量を増加させれば同じ生産量を達成できる。前章では、消費者が同じ効用を得ることができる消費量の組合せを無差別曲線で表した。同様に、企業が同じ生産量を達成できる生産要素投入量の組合せを平面に描くことができる。これは、**等量曲線**と呼ばれる。図2-2は縦軸に労働、横軸に機械の投入量をとって等量曲線を描いたものである。等量曲線の勾配はマイナスであるが、その絶対値は**技術的限界代替率**と呼ばれる。技術的限界代替率は、この場合は労働で測った機械の生産貢献分で、機械を1台増やすことで人を2人減らすことができれば、機械の貢献分は労働2人分ということになる。また、1単位生産を増加させたときに必要な機械（労働）投入量の増加は機械（労働）の限界生産力の逆数であるから、技術的限界代替率は、機械の限界生産物の労働の限界生産物に対する比率でもある。

　等量曲線は次のような性質を持つ。
　①交わらない。
　②右上に位置する等量曲線ほど達成できる生産量は大きい。
　③原点に対して凸の形をしている（技術的限界代替率は逓減する）。

　これらの性質は無差別曲線とほぼ同じである。③は、労働の投入量を1単位減少させたときに、同じ生産量を達成するために必要な機械の投入量が、

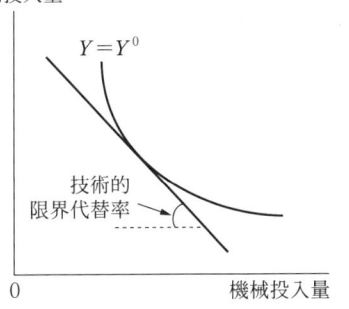

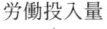

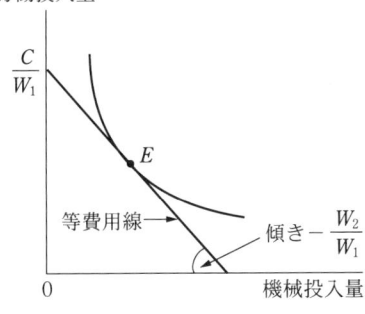

図 2-2　等量曲線　　　　　　図 2-3　費用が最小になる生産要素の組合せ

労働投入量の減少につれて増加していくと仮定することを意味している。

　企業は、一定量の生産を行うとき、等量曲線上で費用が最小になる生産要素投入量の組合せを選択する。企業が支払う費用の総額を C、労働の価格を W_1、機械の価格を W_2 としよう。総費用 C は次のように表すことができる。

$$C = W_1 X_1 + W_2 X_2$$

これを変形すると、

$$X_1 = \frac{C}{W_1} - \frac{W_2}{W_1} X_2$$

この直線は等費用線と呼ばれ、平面上に書き込むことができる。

　前節の消費者行動のときは、C に当たる所得額が一定で、Y に当たる効用を最大にする組合せを選んだ。今度は Y が一定で、C あるいは C/W_1（W_1 は一定なので）をなるべく小さくすればよい。この条件を満たすのは図 2-3 の点 E である。この点では、

$$\frac{機械の価格}{労働の価格} = 技術的限界代替率 = \frac{機械の限界生産物}{労働の限界生産物}$$

が成立している。これを変形すると、

(a) 生産要素の相対価格の変化 　　(b) 生産量の変化

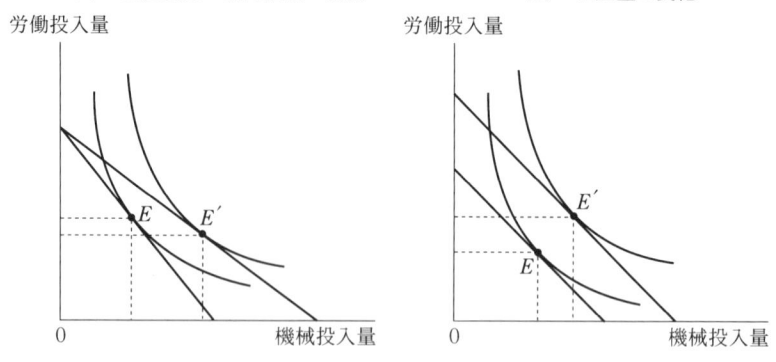

図 2-4　与件の変化に対する最適な生産要素投入量の組合せの変化

$$機械の価格 \times \frac{1}{機械の限界生産物} = 労働の価格 \times \frac{1}{労働の限界生産物}$$

となる。左辺は生産を 1 単位増加させるために機械の投入量を増やしたときの費用、右辺は生産を 1 単位増加させるために労働の投入量を増やしたときの費用である。もし等号が成立していなければ、費用が小さいほうの生産要素を増やして費用が大きいほうの生産要素を減らせばよい。生産量は変わらず費用は減少する。したがって、等号が成立していなければ費用を下げる余地があり費用が最小になっているとはいえない。これで、等号が成立する点 E の組合せが、費用が最小になる組合せであることが確認できた。

図 2-4(a) に示されているように、生産要素の相対価格が変化すると最適な生産要素投入量の組合せも変化する。図に描かれているのは機械の価格が低下したケースであるが、機械の投入量が増加し、労働の投入量は減少している。このように、相対的に割高になった生産要素の投入量が減少し、相対的に割安になった生産要素の投入量が増加する。先にみたわれわれの身のまわりでの生産要素の代替の例は、すべてが労働から機械への代替であるが、これは労働に比べて機械が割安になっていることを意味している。

次に、図 2-4(b) に示されているように、達成すべき生産量が増加すると

必要な生産要素投入量も増加する。また、これに伴い、最小費用の水準も上昇する。生産量と最小費用の関係を示す曲線は**費用曲線**と呼ばれる。

4 費用曲線

1 可変費用と固定費用

費用曲線の形について説明する前に、生産要素の調整にかかる期間について考えよう。生産要素の中には、その投入量を調整するのに時間がかかるものとかからないものがある。たとえば、従業員の人数を増やすのにはそれほど時間がかからないが新しい工場を建設するのにはかなりの時間がかかる。一部の生産要素の投入量だけが調整できる期間を短期、すべての生産要素の投入量を調整できる期間を長期と呼ぶ。短期では、その投入量を調整できない**固定生産要素**が存在する。これに対して、投入量を調整できる生産要素を**可変生産要素**と呼ぶ。

先の例で、短期では労働は可変生産要素で機械は固定生産要素であるとしよう。生産量を増加させるには労働投入量を増加させなければならない。したがって労働費用は生産量の大きさに依存することになる。このような費用を**可変費用**(Variable Cost：VC) という。一方、機械の投入量は短期では変化させることができない。しかし、機械を所有して生産に用いる限り費用は発生する。具体的には、機械購入資金を借りた場合は利子支払い(自己資金の場合はその資金を他の用途に運用した場合に得られる収入が機会費用になる)と減価償却費がかかる。これらの費用は生産量の大きさに依存しない費用で、**固定費用**(Fixed Cost：FC) と呼ばれる。

機械の投入量が固定されていると、図 2-3 で示したような費用が最小になる投入量の組合せは常に達成されるわけではない。図 2-5 はこの状況を示している。生産量の水準が Y^0 から Y^1 に増加したとき、労働だけが動かせる場合は生産要素投入量の組合せは点 E から点 A に動き、そのときの総費用は C^S になる。一方、労働も機械も動かせるときには生産要素投入量の組合

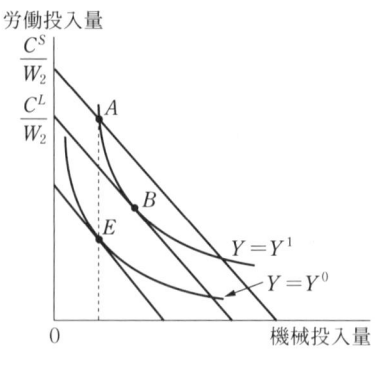

図2-5　短期と長期の最小費用

せは点 E から点 B に動き、そのときの費用は C^L になる。明らかに $C^S \geq C^L$ である。一般に、同じ生産量に関して短期の最小費用は長期の最小費用よりも大きくなる。この関係は次の ② で各企業の長期費用曲線を導くときに用いる。

② 短期費用曲線

短期の費用関数の形はどのようになるだろうか。それは、可変費用である労働投入量と生産量の関係、つまり生産関数の形状によって決まる。図2-1

(a) 生産量と生産要素投入量の関係　　(b) 生産量と可変費用の関係

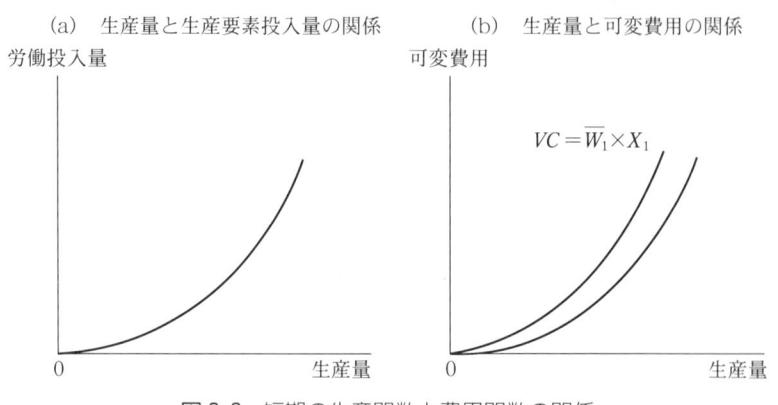

$VC = \overline{W_1} \times X_1$

図2-6　短期の生産関数と費用関数の関係

(a) 生産量と生産要素投入量の関係　労働投入量

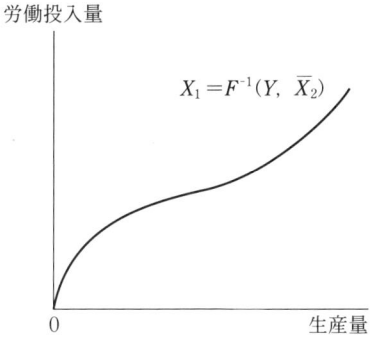

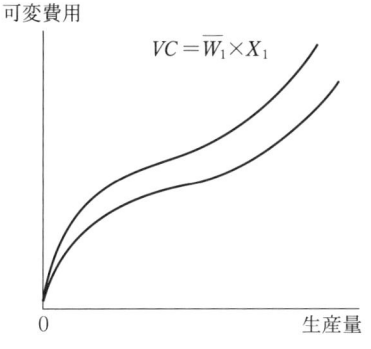

$X_1 = F^{-1}(Y, \overline{X}_2)$

(b) 生産量と可変費用の関係　可変費用

$VC = \overline{W}_1 \times X_1$

図 2-7　生産関数と費用関数の一般化

のような生産関数の場合、縦軸と横軸を入れ替えると図 2-6 の (a) のような関係を得ることができる。また、労働投入量 X_1 に一定の生産要素価格 W_1 を掛けた値が可変費用になるので可変費用と生産量の関係は図 2-6 の (b) のようになる。

ここで、生産関数を若干一般化しよう。先の理容室の例で、従業員の人数が 1 人から 2 人に増えた場合、お互いが協力することによって生産量が大きく増加することがありうる。このとき、限界生産物は逓減ではなく逓増することになる。一般に、ある生産要素の投入量が比較的少ないときには、限界生産物はむしろ逓増し、投入量が一定量を越えると逓減すると考えたほうがよいかもしれない。そのとき、労働投入量と生産量の関係は図 2-7(a) のように描くことができる。限界生産物が逓増するので、平均生産物が逓増する領域も存在する。また、このとき費用曲線の形状は図 2-7(b) のようになる。

短期の費用曲線の位置は、①固定生産要素の投入量、②生産要素価格の 2 つの要因に依存する。これらの要因が変化すると短期費用曲線はシフトする。ここでの例では、固定費用である機械の投入量を変化させていくと短期費用曲線はシフトする。このとき、各生産量について短期費用が最も小さくなる機械の投入量が存在する。この生産要素投入量の組合せは、労働と機械の両

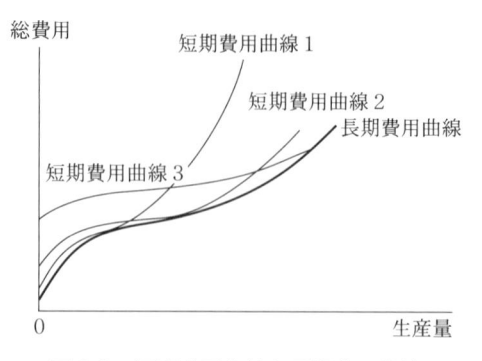

図2-8 短期費用曲線と長期費用曲線

方を動かして費用を最小にしたときの組合せと一致する。つまり、長期の費用曲線は、固定要素投入量の大きさによって位置を変える短期費用曲線の中で、生産量ごとに最小の値をとる点を結んだものになる（各短期費用曲線の最小点ではない）。図2-8はこの関係を示したものである。

3 平均費用、限界費用

短期の費用曲線に戻ろう。総費用を TC、可変費用を VC、固定費用を FC で表す。図2-9の費用曲線で、費用曲線の接線の勾配は生産量を1単位増加させたときの費用の増加分を表している。この増加分は**限界費用**（Marginal Cost：MC）と呼ばれる。また、各費用項目を生産量で割った平均概念の費用を次のように定義できる。

平均費用（Average Cost：AC）： $\dfrac{TC}{Y}$

平均可変費用（Average Variable Cost：AVC）： $\dfrac{VC}{Y}$

平均固定費用（Average Fixed Cost：AFC）： $\dfrac{FC}{Y}$

AC は図の角度 β、AVC は図の角度 γ、AFC は図の角度 α にあたる。

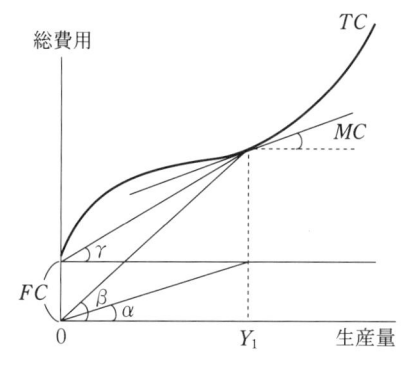

図 2-9 限界費用、平均費用、平均可変費用、平均固定費用

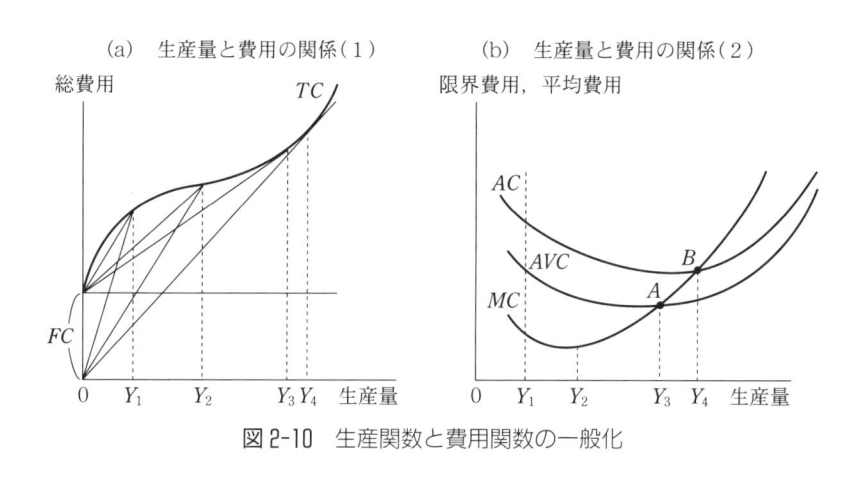

(a) 生産量と費用の関係(1)
(b) 生産量と費用の関係(2)

図 2-10 生産関数と費用関数の一般化

図 2-9 から明らかなように、AFC は生産量 Y の増加とともに単調に低下していく。固定費用は生産量に依存しないので、生産量の増加とともに 1 単位当たりの固定費用は低下していく。一方、図 2-10(a) に示したように、限界費用（MC）、平均費用（AC）、平均可変費用（AVC）は生産量 Y の増加とともに最初は低下して MC, AVC, AC の順に最小点に到達するが、その後は上昇に転じる。また、平均可変費用（AVC）の最小点 Y_3 で $AVC = MC$ が成立し、平均費用（AC）の最小点 Y_4 で $AC = MC$ が成立している。これ

らの関係を、縦軸に平均概念と限界概念の費用、横軸に生産量をとってまとめると、図2-10(b)のようになる。

5 最適な生産量の決定

1 利潤最大化条件

企業の技術的な制約である生産関数と生産要素価格に関するプライステイカーの仮定から、図2-10(a)あるいは図2-10(b)のような費用曲線が得られた。企業の目的は利潤の最大化であるので、これらの図の中で利潤がどのように表されるのかを考えよう。

生産物価格をPとすると、売上高は$P \times Y$と表すことができる。企業はプライステイカーであるからPは一定なので、売上高は図2-11の直線ORで表される。利潤は売上高と費用の差であるから、その差が最大になるのは生産量がY^*のときである。このとき、費用曲線の接線の勾配である限界費用と売上高を示す直線ORの勾配である価格が等しくなっている。つまり、企業が利潤を最大にするということは、

「与えられた生産物価格Pと限界費用MCが等しくなるように生産量Yを決定する」

ということを意味する。

$P > MC$のときは、生産量を1単位増加させたときの収入（**限界収入**と呼ぶ）Pが生産量を1単位増加させたときの費用MCを上回っているので、生産量を増加させることによって利潤は増加する。$P < MC$のときは、生産量を1単位減少させたときの収入の減少Pが生産量を1単位減少させたときの費用の減少MCを下回っているので、生産量を減少させることによって利潤は増加する。結局、$P = MC$のとき以外は利潤を増やす余地があるので、利潤最大化の条件は$P = MC$ということになる。

図 2-11　利潤最大化条件(1)　　　図 2-12　利潤最大化条件(2)

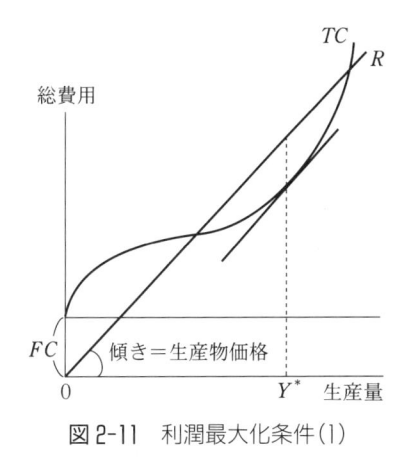

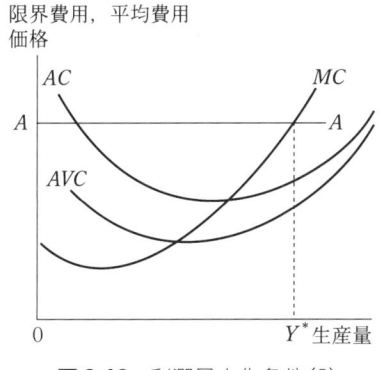

2　短期供給曲線

　それでは、企業の短期供給曲線はどのように導くことができるのだろうか。供給曲線は生産物価格と企業の生産量の関係を示すものであるから、生産物価格 P が変化したときに企業の最適な生産量 Y^* がどのように変化するかをみればよい。このために、図 2-11 を用いることもできるが、図 2-12 を用いたほうがわかりやすい。企業がプライステイカーであるので、この図では企業が直面する需要曲線は水平線 AA で表すことができる。この水平線 AA が上下に動くにつれて、利潤が最大になる生産量 Y^* も動いていく。利潤最大化の条件が $P=MC$ であるから、生産物価格 P と最適な生産量 Y^* の関係は限界費用曲線 MC で表されることになる。つまり、企業の短期の供給曲線は限界費用曲線になる。

　ただし、限界費用曲線のすべての部分が短期供給曲線になるわけではない。図 2-13 を用いて、この点を説明しよう。価格水準が平均費用の最小点 B まで低下すると、このときの生産量 Y^B の下で企業の利潤はちょうどゼロになる。この点は**損益分岐点**と呼ばれるが、利潤がゼロのときに生産を行うことに意味があるのだろうか。もし、生産を行わなければ売上高はゼロ、しかし生産量にかかわらず固定費用を払わなければならないので、利潤は $-FC$ になる。生産を行うと利潤は

$$PY - TC = PY - AC \cdot Y = PY - AVC \cdot Y - FC = (P - AVC)Y - FC$$

となるので、$P > AVC$ である限り生産を行ったほうが利潤のマイナス分は小さくなる。したがって、損益分岐点 B はもちろん、さらに価格水準が低下してもそれが平均可変費用の最小点 S を下回らない限り企業は生産を続ける。価格水準が S 点を下回ると $P < AVC$ となり生産を停止したほうが利潤のマイナス分は小さくなる。この S 点が操業停止点である。以上をまとめると、

「企業は利潤がマイナスになっても、価格が平均可変費用を上回る限り生産を続ける」

ということになる。したがって、企業の短期供給曲線は図 2-13 の $0FSD$ で表されることになる。価格水準が AVC の最小点以下のときは生産量は常に 0 で、価格水準が AVC の水準を越えると SD に沿って生産量が動く。なお、固定費用が存在しない場合は AC 曲線と AVC 曲線は一致するので、損益分岐点がそのまま操業停止点になる。

最後に、個々の企業の短期供給曲線を水平に足し合わせると市場の短期供給曲線が得られる。市場の短期供給曲線が右上がりになるのは個々の企業の短期供給曲線が右上がりになるからである。また、個々の企業の短期供給曲線が右上がりになるのは、すでに述べたように生産要素の限界生産物が逓減

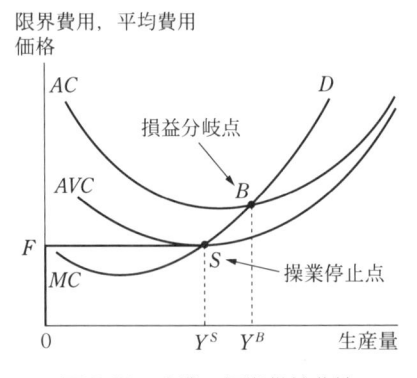

図 2-13 企業の短期供給曲線

するからである。

6　長期供給曲線

　個々の企業はプライステイカーであっても、市場全体では需要曲線と供給曲線の交点で価格が決まる。何らかの事情で市場全体の供給曲線がシフトすると価格が変化し、各企業の供給量も変化する。

　前節では、固定生産要素が存在する短期の供給曲線を導出した。すべての生産要素が可変的な長期における**長期供給曲線**はどのように導くことができるのだろうか。すでに述べたように、与えられた生産量の下で長期の費用は短期の費用を下回る。また、固定的生産要素の大きさが変化すると短期の費用曲線はその位置を変える。結局、長期の費用曲線と短期の費用曲線の関係は図2-8のようになる。また、同様に、長期の平均費用曲線（LAC）と短期の平均費用曲線（SAC）の関係は図2-14のようになる。

　したがって、利潤最大化条件から、図2-15で示されているように、長期の供給曲線は長期の限界費用曲線（LMC）に一致する。また、短期供給曲線の際に説明したように、長期では損益分岐点と操業停止点は一致する。したがって、各企業の長期の供給曲線は平均費用の最小点より上の部分ということ

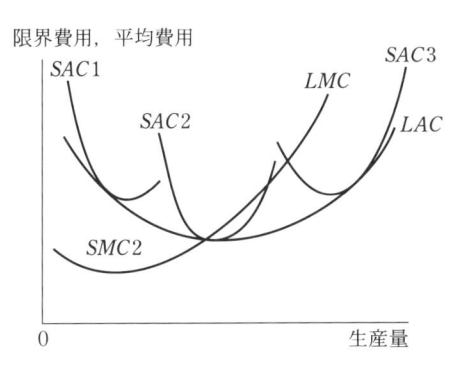

図2-14　企業の短期平均費用曲線と長期平均費用曲線

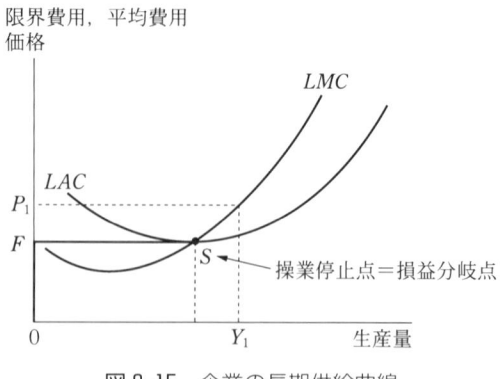

図 2-15　企業の長期供給曲線

とになる。

　次に、市場の長期供給曲線について考えよう。これは、個々の企業の長期供給曲線を水平に合計した右上がりの曲線になると簡単にいえるのだろうか。ここで重要な点は、長期では市場に新たな企業が**参入**してくる可能性があるということである。いま、図 2-16(a) の A 点で各企業が生産を行っているとしよう。市場では図 2-16(b) の点 E で示されているような均衡が成立している。図 2-16(a) では、生産物価格が平均費用を上回っているので、**超過利潤**が発生している。この超過利潤の存在によって市場に新しい企業が参入してくるのである。新規参入があると図 2-16(b) の市場全体の短期供給曲線が右方向にシフトし均衡価格は低下をはじめる。既存企業の供給量は短期費用曲線に沿って減少していくが、新規参入が続くと市場の短期供給曲線は右へのシフトを続け、市場の均衡点は点 E' に移動する。この価格水準は個別企業の平均費用の最小値に等しくなっており、もはや超過利潤は存在しない。したがって、新規参入もとまって点 E' が長期の市場均衡になる。

　次に、需要曲線が右にシフトすると短期の市場均衡は点 E' から点 E'' へ移動する。しかし、上で述べたような新規参入がまた発生するので、結局新たな長期均衡点は点 E''' に落ち着く。このように新しく企業が参入してくる可能性を考慮すると、市場の短期供給曲線は右上がりでも長期供給曲線 SS

(a) 個別企業の均衡条件 (b) 市場の均衡条件

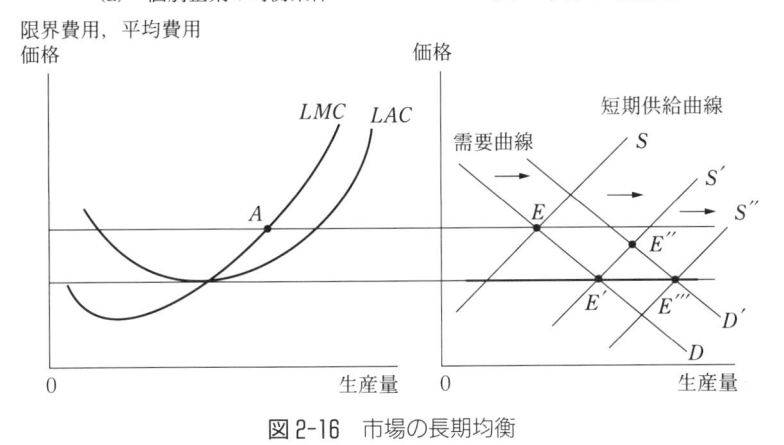

図2-16　市場の長期均衡

は水平になることがわかる。ただし、市場の長期供給曲線は常に水平になるわけではない。図2-17(a)では、需要曲線がシフトした後の新たな長期均衡点 E' では元の長期均衡点 E よりも均衡価格は高くなっている。つまり、長期供給曲線は右上がりになっているのである。市場全体の生産量が増加するにつれてその財を生産するために必要な生産要素の価格が上昇すると、個別企業の短期、長期の費用曲線が上方にシフトし平均費用の最小値も上昇する。たとえば、ソフトウエア産業が拡大するにつれてプログラマーに対する需要が増加してその賃金が上昇すると、各企業の費用曲線は上方にシフトする。また、新たに市場に参入する企業の平均費用の最小値が既存の企業よりも大きな場合は、価格が以前の水準に戻る前に参入がとまることになる。このような産業では長期供給曲線は右上がりになる。

これに対して、市場が拡大するにつれて、生産要素価格の低下などで個別企業の短期、長期の費用関数が下方にシフトしていくと、図2-17(b)で示されているように長期供給曲線は右下がりになる。再びソフトウエア産業の例を用いると、産業の拡大とともにプログラマーを教育する機関が多数設立されそこで多くのプログラマーが育成されると、プログラマーを雇用する費用

(a) 費用逓増産業　　　　　　(b) 費用逓減産業

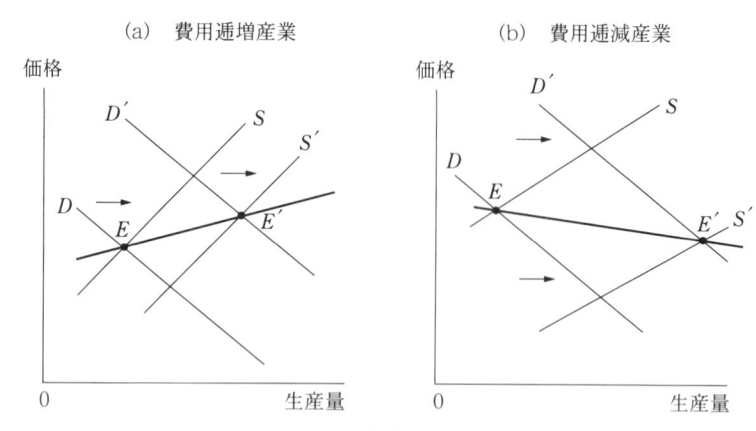

図 2-17　費用逓増産業と費用逓減産業

や企業内でプログラマーを育成する費用は低下していく。長期供給曲線が水平の産業は**費用一定産業**、右上がりの企業は**費用逓増産業**、右下がりの企業は**費用逓減産業**と呼ばれる。

なお、本節の説明の後半部分は第3章の内容を一部含んでいるので、第3章も同時に参照してもらいたい。

参考文献
奥野正寛『ミクロ経済学』〔第2版〕日経文庫、日本経済新聞社、1990年
武隈慎一『演習ミクロ経済学』新世社、1994年
武隈慎一『ミクロ経済学』〔増補版〕新世社、1999年
西村和雄『ミクロ経済学入門』〔第2版〕岩波書店、1995年
西村和雄『ミクロ経済学』〔第2版〕岩波書店、2001年

第3章

市場経済のメカニズム

1 市場メカニズム

　日本をはじめ西欧諸国のように、経済全体を計画し管理する者が存在せず、個々の消費者や生産者の行動が市場のはたらきによって調整され、経済が運行されていく経済を市場経済と呼ぶ。市場における調整――価格の上下や生産量の増減――によって運営されていく経済である。これに対して、旧ソ連や東欧諸国・中国などは、政府の計画に基づく指令によって経済が運営されている。このような経済を指令経済または計画経済と呼ぶ。

　市場経済の特徴は、数多くの生産者、数多くの消費者がそれぞれ自己の利益の最大化をはかって行動しているにもかかわらず、市場による決定によって効率的な資源配分が達成されることである。アダム・スミスのいう「神の見えざる手」がはたらいているのである。市場のこのはたらきを**市場メカニズム**（市場機構）という。あるいは、その場合に価格が中心的役割を演じることから、**価格メカニズム**ともいわれる。

　本章では、市場メカニズムがどのように機能し、どのような意味で市場が効率的となるのかを中心に学ぶ。しかし、市場経済も完璧ではなく、いくつかの欠陥も持っている。そこで市場メカニズムの限界についてもあわせて考える。その前に需要曲線と供給曲線の性質について少し補足説明が必要である。

2　需要の価格弾力性と供給の価格弾力性

1　需要の価格弾力性

　右下がりの需要曲線からわかるように、一般にはある財の価格が上昇すればその財の需要量は必ず減少する。しかし、価格の一定の値の変化に対してどの程度需要量が変化するかは、財によって、また消費者によっても異なる。たとえば、日本ではビールは主に4社によって供給されているが、どの会社のビールもほぼ同じ価格である。その中のA社が自社製のビールを10円値上げし、他の3社が価格を据え置けば、A社のビールに対する需要量は大幅に落ち込むであろう。しかし、4社がそろって10円値上げしても、ビール全体の需要量はさほど減少しないであろう。このように、価格が同じ額だけ変化しても、需要量も同じ量変化するとは限らない。図3-1には、同一の価格の変化に対して、需要量の変化の大きい需要曲線(a)と小さい需要曲線(b)が描かれている。

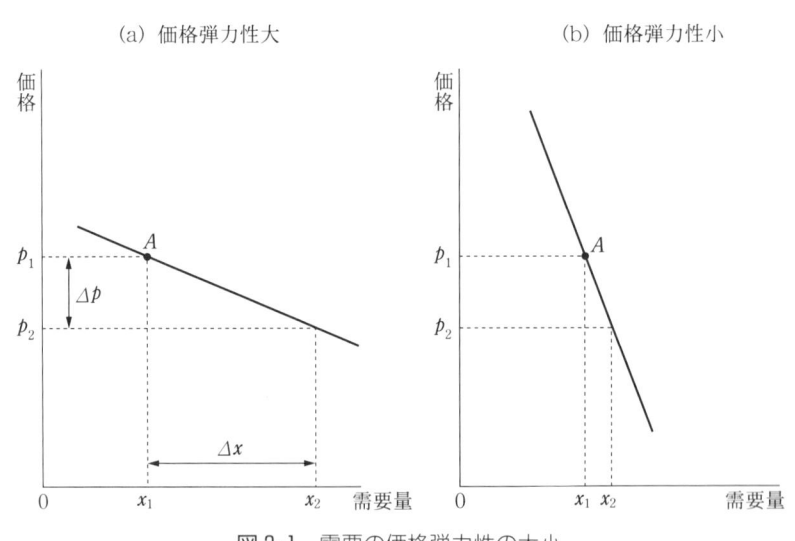

図3-1　需要の価格弾力性の大小

価格が変化したときに財の需要量がどれほど変化するかを数値で表すために、需要の価格弾力性という指標が用いられる。

図3-1(a)において、価格が p_1 から p_2 に $\Delta p = p_1 - p_2$ 下落するとき、需要量は x_1 から x_2 まで、$\Delta x = x_2 - x_1$ 増加している。このとき、

$$\varepsilon_d = -\frac{\Delta x/x_1}{\Delta p/p_1} = -\frac{p_1}{x_1} \cdot \frac{\Delta x}{\Delta p}$$

を、需要曲線上の点 A (x_1, p_1) における需要の価格弾力性という。

需要の価格弾力性は、価格の変化率に対する需要量の変化率の比であり、価格が1％変化するとき需要量が何％変化するかを表す数値である。比率で表すのは、単に価格の変化分に対する需要量の変化分であると、財の測定単位によって数値が異なってしまうということを防ぐためである。たとえば、牛乳の価格が100円上がると需要量が1ℓ減少するということと、価格が100円上昇すると、需要量が1000㎖減少するということは、まったく同一の減少の異なる表現であるが、これを単に数値の変化の比率で表すと、前者では1/100、後者では1000/100となり、数値がまったく異なってしまう。

また、需要の価格弾力性を需要曲線上の A 点で定義するのは、異なる点で弾力性も異なるからであり、また定義式の最初にマイナスをつけるのは、ε_d が正になるようにするためである。

$\varepsilon_d > 1$ のとき、この財の需要は価格弾力的である、あるいは需要の価格弾力性が大きいといい、$\varepsilon_d < 1$ のときには、価格弾力的でない、または需要の価格弾力性は小さいという。さらに極端な場合としては $\varepsilon_d = 0$ と $\varepsilon_d = \infty$ の場合がある。需要の価格弾力性がゼロのとき財の需要は完全に非弾力的であるといわれる。このようなケースは、瀕死の病に冒された患者の、絶対に効果のある特効薬に対する需要が当てはまる。この患者はどんな価格でもその薬を買おうとするが、ある一定量以上は不必要であり、またその量以下では効果がないため、その薬に対する需要曲線は垂直となる（図3-2(a)）。一方の極端なケースは、需要の価格弾力性が無限大の場合であり、財の需要は完全弾力的であるといわれる。幹線道路沿いには数多くのガソリンスタンドが乱

(a) $\varepsilon_d = 0$　　　　　(b) $\varepsilon_d = \infty$

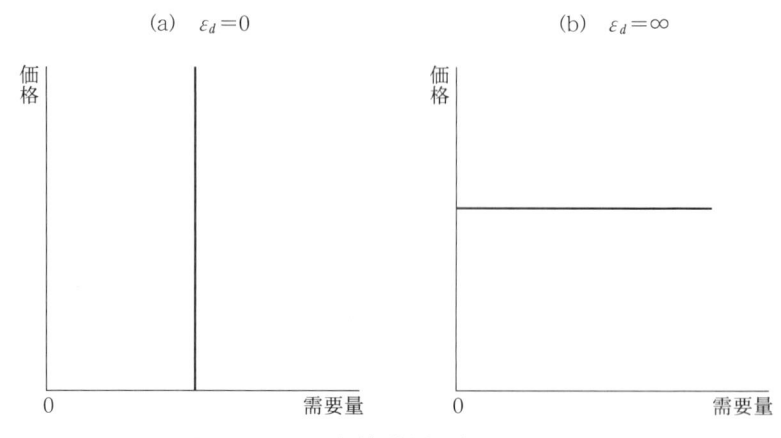

図 3-2　需要の価格弾力性が極端なケース

立しているが、そのうち1店が他店よりも高い価格でガソリンを販売すれば、その店には客はまったくこなくなり、逆に引き下げれば、しばらくのうちは、客は圧倒的に多くなるであろう。このような場合にその店のガソリンに対する需要曲線は水平となる（図3-2(b)）。

2　需要の価格弾力性の決定要因

需要の価格弾力性は、財の性質や消費者の所得水準、嗜好によって決定される。大まかには次のように分類される。

(1)　需要の価格弾力性が比較的小さい財

①生活必需品（例：主食、米）

②代替財のない財（例：こしょう、塩）

③所得と比較して支出額の小さい財（例：楊子）

ここで、代替財とは、米とパン、コーヒーと紅茶、ボールペンとサインペンなどのように互いに他の代わりとなることができるような財である。また、これらの分類のうち、①と②は密接に関連しており、代替財がないから必需品ということもできるし、また塩は①〜③のすべてに当てはまる財である。

(2)　需要の価格弾力性が比較的大きい財

①奢侈品（例：外国旅行）

②代替財のある財（例：バター）

③所得と比較して支出額の大きい財

　これらの分類は消費者の所得や嗜好によっても異なる。たとえば自動車は普通のサラリーマンにとっては奢侈品に近いが、会社の社長にとってはむしろ必需品であろう。したがって、自動車需要の価格弾力性は前者にとっては大きく、後者にとっては小さい。バターとマーガリンは代替財と考えられるが、健康上・美容上の理由からマーガリンしか食べないという人にとっては、マーガリンは代替財のない財となる。

　さらに、時間も価格弾力性を左右する要因である。たとえば、1ヵ月よりも1年間のほうが需要量を調整する余地が大きく、したがって、長期の需要のほうが短期の需要よりも価格弾力性は大きいことになる。

3　需要の価格弾力性の応用例

　需要の価格弾力性は供給者にとっても重要な概念であり、さまざまな価格づけに利用されている。たとえば、ある財を販売している企業は、その財の売上げ（＝売り手の収入＝買い手の支出）が少ないとき、通常は値上げすることを考える。しかし、値上げをせずに逆に値下げをしたほうが売上げは大きくなる場合がある。図3-3(a)では、価格がp_1からp_2に上昇すると、需要量はx_1からx_2に減少する。このとき、売上げは価格がp_1のときには長方形の面積$p_1 x_1$で表され、価格がp_2に上がると、長方形の面積$p_2 x_2$となる。図からわかるように、$p_1 x_1 > p_2 x_2$であり、値上げする前のほうが売上げは大きいのである。これは、価格の上昇による売上げの増加よりも、需要の低下による売上げの減少のほうが大きいことによる。他方、図3-3(b)では、価格を上げるほうが売上げは増加する。

　このように、売上げの増加をはかる場合には値上げしたほうがよい場合と、値下げしたほうがよい場合とがあり、それは需要の価格弾力性に依存しているのである。この関係は表3-1にまとめられている。

(a) 価格弾力性大　　　　　　(b) 価格弾力性小

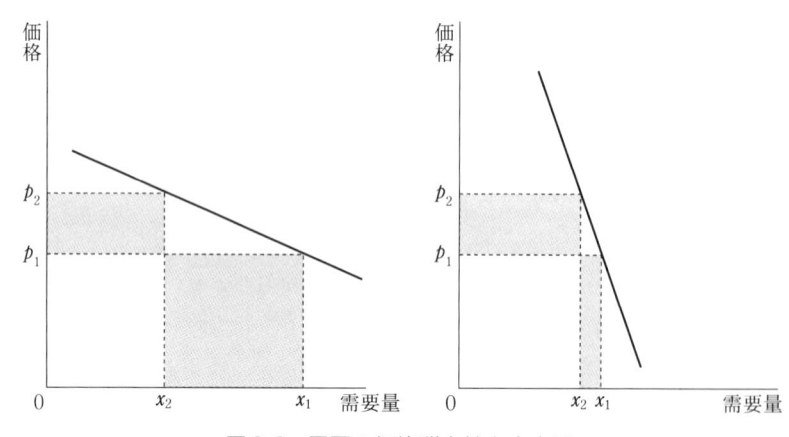

図 3-3　需要の価格弾力性と売上げ

表 3-1　需要の価格弾力性と売上げ

需要の価格弾力性	売り手の売上げ＝買い手の支出	
	価 格 上 昇	価 格 下 落
$\epsilon_d > 1$	減　少	増　加
$\epsilon_d = 1$	不　変	不　変
$\epsilon_d < 1$	増　加	減　少

●例１：飲食店では常連の客が多い店と、ふりの客が多い店とがある。駅前で競合店（代替店）の多い店ではふりの客が多いため、その店に対する需要の価格弾力性は大きく、値下げするほうが売上げは増加することになろう。逆に常連客の多い店では、彼らにとってその店は必需品に近く、したがって需要の価格弾力性は小さいので、値上げをすることが売上げの増加につながるであろう。

●例２：NTTは夜間や休日の電話料金を割引している。平日の昼間の需要は社用や公用が多いので、電話やファックスの需要の価格弾力性は小さいが、夜間・休日の需要は私用が多く価格弾力性は大きいので、夜間や休日の料金の割引がNTTの収入を増加させるの

である。

　同様の例は、ボーリング場や映画館の学生割引（学生は弾力性が大）、衣料品のシーズンオフのバーゲンセール（冬物衣料の弾力性は冬には小さく、夏には大きい）、ハードカバーの本よりも、後に出版される同じ内容の文庫本は安いというように数多くみられる。

　このように、消費者のグループによって需要の価格弾力性が異なることを利用して、同一の財・サービスに対して、消費者のグループによって異なる価格を設定することを、価格差別という。価格差別が有効であるためには、次の条件が満たされなければならない。

①需要を2つ以上のグループに分けることができる。
②グループによって、需要の価格弾力性が異なる。
③グループ間での転売が不可能である。

レストランや本屋に学割がないのは、③の理由による。

④　供給の価格弾力性

需要の価格弾力性と同様に、供給の価格弾力性も定義できる。

図 3-4 において、価格が p_1 から p_2 まで $\Delta p = p_2 - p_1$ 上昇するとき、供給量

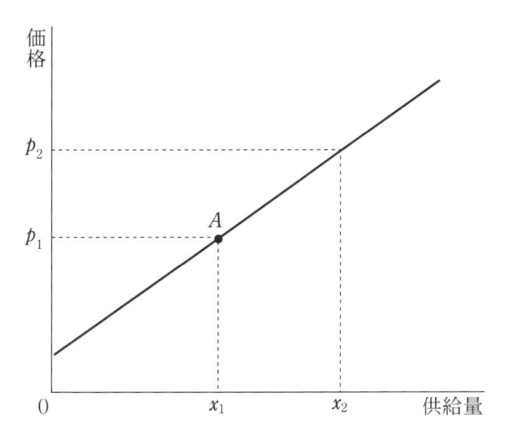

図 3-4　供給曲線の価格弾力性

は x_1 から x_2 まで、$\Delta x = x_2 - x_1$ 増加している。このとき、

$$\varepsilon_S = \frac{\Delta x / x_1}{\Delta p / p_1} = \frac{p_1}{x_1} \cdot \frac{\Delta x}{\Delta p}$$

を、供給曲線上の点 A (x_1, p_1) における供給の価格弾力性という。

供給の価格弾力性は、価格の変化率に対する供給量の変化率の比であり、価格が1％変化するとき供給量が何％変化するかを表す数値である。

3 市場均衡分析

1 市場均衡

均衡分析は経済学における最も基本的な分析方法であり、市場メカニズムの解明の中心となるとともに現実のさまざまな経済問題、たとえば地価、株価、為替レート、税制などを考察するときにも威力を発揮する分析用具である。

図3-5において、市場の需要曲線と供給曲線の交点 E^* を市場均衡または単に均衡という。すなわち、市場均衡とは需要量と供給量が一致している状

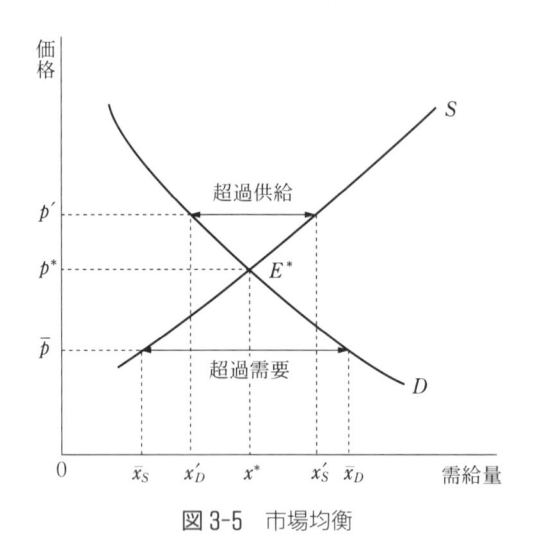

図3-5 市場均衡

態のことである。また、均衡をもたらす価格 p^* を均衡価格、数量 x^* を均衡需給量という。市場では、財・サービスの価格と需給量は均衡によって決定されるのである。

では、均衡価格 p^* 以外の価格では、市場にどんな事態が生じているであろうか。図 3-5 からわかるように、均衡価格よりも高い価格 p'（$>p^*$）のときには、$x'_S>x'_D$ となっており、供給量が需要量を超えている。このとき、この財・サービスについては超過供給すなわち売れ残りが生じているのである。このときの供給量と需要量の差 $x'_S-x'_D$ を超過供給量という。また逆に、均衡価格より低い価格である $\bar{p}$（$<p^*$）では、$\bar{x}_D>\bar{x}_S$ となっており、需要量が供給量を超えている。このとき、この財・サービスについては超過需要すなわち品不足が生じているのである。このときの需要量と供給量の差 $\bar{x}_D-\bar{x}_S$ を超過需要量という。均衡とは超過供給も超過需要も生じていない状態ということになる。

2 均衡の安定性

このような均衡価格ではない価格はどうなるのであろうか。超過供給が生じている場合には、価格を引き下げて売れ残りを一掃しようとする力がはたらき、価格は均衡価格に向かって低下していく。逆に、超過需要が生じている場合には、消費者はより高い価格を支払ってもその財を手に入れようとするから、価格は均衡価格に向かって上昇していくことになる。いずれにせよ、価格の動きを妨げるような規制などが存在しない限り、均衡価格以外の価格には均衡に向かう動きが生じるわけであり、最終的には均衡価格が達成されることになる。これが均衡の安定性（正確にはワルラス的安定性）である。

3 比較静学

市場均衡は需要曲線と供給曲線の交点で決定されるのであるから、需要曲線や供給曲線がシフトすれば、均衡も変化することになる。このとき、変化以前の均衡と変化以降の均衡を比較することを、比較静学という。均衡の比

較とは、主に均衡価格の上下や均衡需給量の増減を調べることである。また「静学」というのは、古い均衡から新しい均衡への移動の過程や経路は問題にせず、新旧の均衡だけを比較の対象とすることを意味している。

4 需要曲線のシフトと均衡の移動
(1) 需要曲線のシフトの要因

第1章で需要曲線を定義したときには、ある財の価格と需要量の関係だけに着目し、そのほかの要因は一定であるとした。そのような要因を与件と呼ぶ。そのような与件が変化すると、財の需要曲線はどのようにシフトするであろうか。

パンの需要曲線を描くときには、次の与件が与えられていた。
　①消費者の所得
　②消費者の嗜好
　③他の財の価格
さらに、市場の需要曲線を描くときには、
　④消費者数
も与件である。

これらの与件が変化すると、需要曲線はシフト（移動）することになる。それを順に検討しよう。ただし、与件の変化を考えるときには原則として、同時に2つ以上の与件の変化を考えることはない。どの与件の変化が需要曲線をどのようにシフトさせるのかが不明確になってしまうからである。このような需要曲線のシフトを考えるときには、「他の条件（事情）を一定として」、1つの与件の変化を考える。

需要曲線のシフトは与件の変化に伴う需要の変化（需要曲線のシフト）であって、これを価格の変化に伴う需要量の変化、すなわち1つの需要曲線上での移動と混同しないように注意しなければならない。

(2) 消費者の所得の変化

財の需要量は、価格が一定であっても、消費者の所得が増加するにつれて、

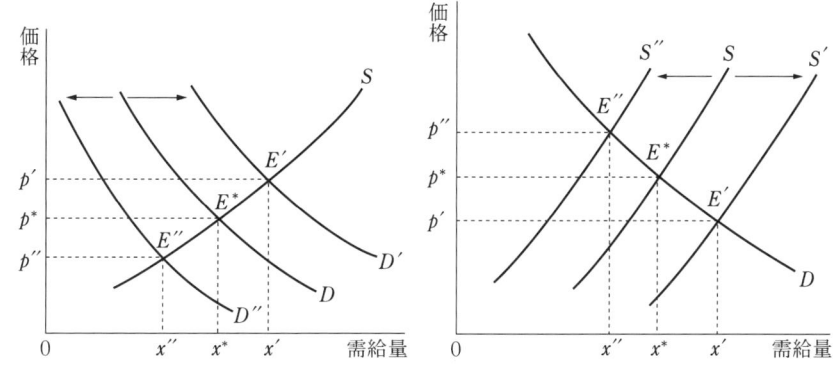

図 3-6　需要曲線のシフトと均衡の移動　　図 3-7　供給曲線のシフトと均衡の移動

増加する場合、変化しない場合、かえって減少してしまう場合がある。このような財を順に、上級財（または正常財）、中級財、下級財（劣等財）という。財が上級財であれば、消費者の所得が増加すると価格が一定であっても、需要量は増加する。したがって、需要曲線全体が右方にシフト（移動）することになる。図3-6では、需要曲線は D から D' にシフトしている。逆に所得が減少すれば、需要曲線は左方にシフトすることになる。図3-6では、D から D'' にシフトする。下級財の場合にはこれらとは逆のシフトが生じる。

　(3)　消費者の嗜好の変化

　健康上あるいは美容上の理由からパンよりも米のほうがすぐれているという新しい情報がもたらされたり、人の判断が変わったりすれば、パンから米へと嗜好が変化することになる。この変化は、パンの価格が不変であってもパンの需要を減少させることになり、パンの需要曲線は左方にシフトする。逆の理由で、米からパンに嗜好が移れば、パンの需要が増加し、需要曲線は右方にシフトする。

　(4)　他の財の価格の変化

　①代替財の価格の変化：パンの代替財である米の価格が上昇すれば、パンの需要は増加する。これはパンの需要曲線を右方にシフトさせることになる。逆に米の価格が下落すれば、パンの需要は減少し、需要曲線は左

方にシフトすることになる。
②補完財の価格の変化：パンに必ずバターを塗る人にとっては、パンとバターは補完財となる。バターの価格が上昇すれば、パンの需要は減少し、パンの需要曲線は左方にシフトする。逆にバターの価格が下落すれば、パンの需要は増加し、パンの需要曲線は右方にシフトすることになる。

(5) 消費者数の変化

市場の需要曲線は個人の需要曲線を水平方向に足したものであるから、消費者数が増加すれば、市場での需要は増加し、市場の需要曲線は図3-6で示されたのと同様に右方にシフトする。

(6) 需要曲線のシフトと比較静学

需要曲線が右方にシフトすれば、図3-6からすぐわかるように、均衡価格は上昇し、均衡需給量は増加する。したがって、消費者の所得が増加する（通常の上級財の場合）、嗜好がその財を好きになるように変化する、代替財の価格が上昇するか補完財の価格が下落する、消費者数が増加する場合には、均衡価格は上昇し、均衡需給量は増加することになる。

逆に、需要曲線が左方にシフトすれば、やはり図3-6からわかるように、均衡価格は下落し、均衡需給量は減少する。需要曲線の左方シフトは、消費者の所得の減少、消費者の嗜好の減退、代替財価格の下落、補完財価格の上昇、消費者数の減少によって引き起こされるから、これらが生じた場合には均衡価格は下落し、均衡需給量は減少することになる。

5 供給曲線のシフトと均衡の移動

(1) 供給曲線のシフトの要因

第2章で供給曲線を定義したときには、ある財の価格と供給量の関係だけに着目し、そのほかの要因は一定（与件）であるとした。与件が変化すると、財の供給曲線はどのようにシフトするであろうか。

パンの供給曲線を描くときには、次の与件が与えられていた。

①生産要素の価格

②生産技術

さらに、市場の供給曲線を描くときには、

③生産者数

も与件である。

(2) 生産要素の価格

パンをつくるときに必要なものとしては、原材料である小麦粉、イースト菌、工場や機械などの設備、そして人の労働がある。これらを生産要素という。生産要素の価格、たとえば原材料である小麦粉の価格が下落したとしよう。同一の量を生産するのに以前より低い費用で生産できるようになるから、価格が低くても供給が可能である。したがって、この場合には供給曲線は右方にシフトすることになる。図3-7では、この結果供給曲線が S から S' にシフトしている。逆に生産要素の価格が上昇すれば、供給曲線は左方にシフトする。図では S から S'' へのシフトとして表されている。

(3) 生産技術

生産技術の進歩とは、ある財の同じ量を以前よりも低い費用で生産できるようになることである。この場合には、供給曲線は右方にシフトすることになる。もちろん、逆の場合のいわば、生産技術の退歩というのも考えられるが、そのような技術を導入しようとする生産者はいないから、考える必要はない。

(4) 生産者数の増加

市場の供給曲線は個人の供給曲線を水平方向に足したものであるから、生産者数が増加すれば、市場での供給量は増加し、市場の供給曲線は図3-7で示されたのと同様に右方にシフトすることになる。

(5) 供給曲線のシフトと比較静学

まず最初に、供給曲線が右方にシフトしたとしよう。このとき図3-7からわかるように、均衡価格は下落し、均衡需給量は増加する。したがって、①原材料価格や賃金の下落、②技術進歩、③その財の生産者数の増加が生じると、均衡価格は下落し均衡需給量は増加することになる。

逆に、供給曲線が左方にシフトすれば、均衡価格は上昇し、均衡需給量は減少することも直ちに理解できよう。したがって、原材料や生産要素価格の上昇、生産者数の減少などは、均衡価格の上昇と均衡需給量の減少をもたらすのである。

4　市場の効率性

1　余剰分析

(1)　消費者余剰

消費者は効用を最大化するように財・サービスを選択する。その場合の効用という概念は抽象的であって、分析の役には立たないような印象を持つかもしれない。そこで、金額という具体的な言葉を用いて効用を表すことを考えてみよう。

図3-8には、個人Aの1週間におけるパンに対する需要曲線が描かれている。A氏はパンが100円のときには1個、90円のときには2個、80円のときには3個……パンを買うつもりがあることが示されている。A氏がパン1個に100円支払ってもよいということは、パン1個に100円の価値（効用）

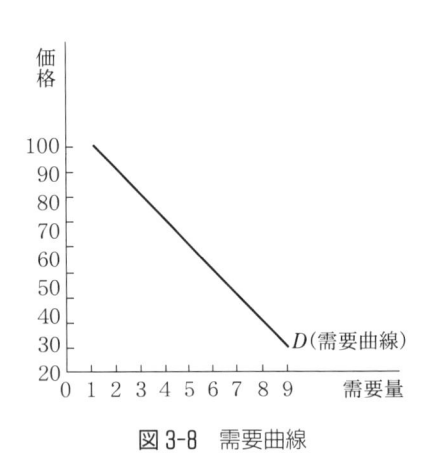

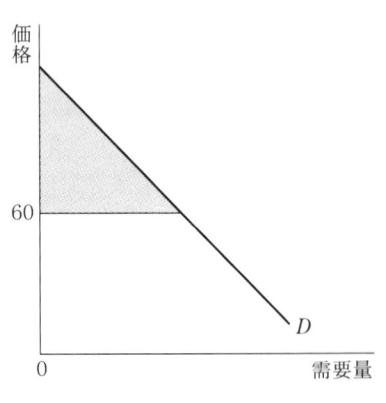

図3-8　需要曲線

図3-9　消費者余剰

があると評価していることを意味する。次に2個目のパンに90円支出するということは、2個のパンに対して100円+90円=190円の価値を感じていることになる。同様に、3個のパンには100円+90円+80円=270円、4個のパンには、100円+90円+80円+70円=340円の評価をしていることになる。

A氏のパン1個に対する評価は100円であり、2個目を追加することの評価は90円であった。このとき、パン1単位の追加的消費から得られる評価を限界効用あるいは限界的評価という。すなわち、A氏にとって、2個目のパンの限界効用は90円であり、3個目のパンの限界効用は80円である。このように、需要曲線は価格と需要量の対応ばかりでなく、金額で表したその財に対する（限界的）評価すなわち限界効用も表現していると考えることができる。

いま、パン1個が実際には60円で売られているとする。すると、A氏はパンを5個需要することになる。A氏のパン5個に対する効用の評価は400円であるが、パン5個に対してA氏が実際に支払う金額は300円でよい。この差額、すなわち、400円−300円=100円は、パン5個を購入することによってA氏が得られる利益であり、**消費者余剰**と呼ばれる。すなわち消費者余剰とは、消費者が支払ってもよいと考える金額と、実際に支払う金額との差である。図3-9の網かけの部分の面積がパンの価格が60円のときのA氏の受ける消費者余剰を示している。

この例では個人の消費者余剰が表されているが、市場全体における需要曲線は個人の需要曲線を水平方向に足したものであるので、市場における消費者余剰も同様に求めることができる。

A氏はパンが1個60円のとき5個購入した。このときの消費者余剰は100円であった。もし60円のパンを3個だけ買ったならば消費者余剰はいくらになるであろうか。このときの評価は270円であり、支出額は180円であるから消費者余剰は90円となる。また、パンを6個購入すると評価は450円となり、支出額は360円であるから、消費者余剰は90円となる。以

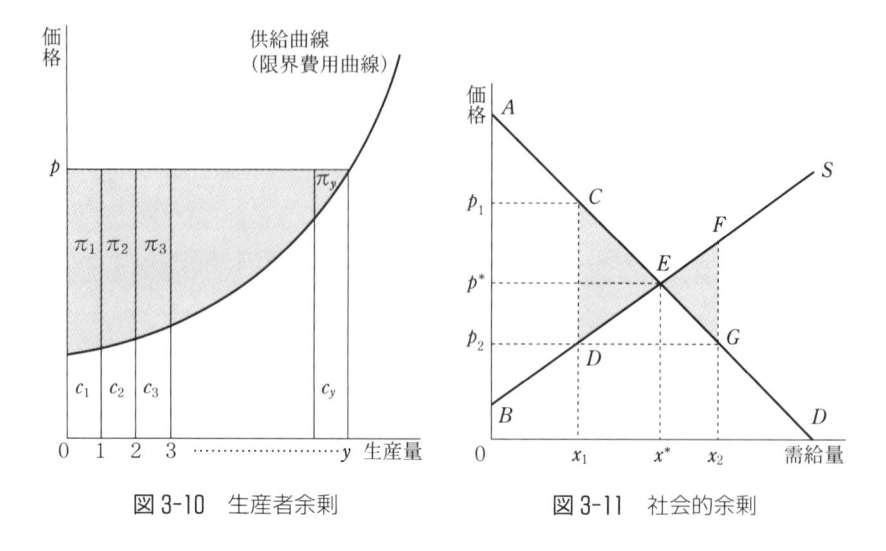

図 3-10　生産者余剰　　　　　図 3-11　社会的余剰

上のように，A氏はパンを5個購入するとき，消費者余剰は最も大きくなるのである。

別のいい方をすれば，パンの限界効用が価格と一致するところで需要量を決定することによって，消費者余剰が最大となる。この例では，5個目のパンの限界効用が60円であるから，価格が60円であれば5個買うのが最適なのである。このように消費者の需要曲線は，価格が与えられたときの最も効用の大きい需要量を示しているのである。

(2) 生産者余剰

次にパンの生産者について考えてみよう。パン屋がパンを1個つくったとする。供給曲線は限界費用曲線であるから，そのときの費用は供給曲線の下の部分 c_1 である。これが価格 p で売られるのであるから，p と c_1 の差額 π_1 が利潤となる。**生産者余剰**は y を生産するときの利潤から生産量 D のときの利潤を引いたものであり，図 3-10 の網かけ部分が生産者余剰である。

(3) 社会的余剰

図 3-11 において△AEB は，消費者余剰△AEp^* と生産者余剰△p^*EB の和となっている。これは社会全体にとっての余剰と考えられるから，**社会**

的余剰といわれる。消費者余剰は、消費者が支払ってもよいと考える最大額マイナス実際に支払った金額であり、生産者余剰は実際に受け取った金額マイナス生産に要した費用と表され、さらに実際に支払った金額と実際に受け取った金額と等しいから、社会的余剰は消費者が支払ってもよいと考える最大額マイナス生産に要した費用となる。

　社会的余剰は均衡において取引するとき最大となっていることを確かめよう。この意味で、市場均衡は社会全体の観点からみて望ましい性質を備えているということができる。

　このことを確かめるために、図 3-11 において均衡生産量 x^* 以下の x_1 という水準での生産が行われているときの社会的余剰を調べてみる。このとき、生産者のこの財を生産するための限界費用よりも、消費者のこの財に対する限界効用のほうが大きく、この財をちょうどすべて販売するためには、価格は p_1 でなければならない。そのとき、消費者余剰は △ACp_1 であり、生産者余剰は □p_1CDB であるから、社会的余剰は △AEB よりも △CED の分だけ少なくなる。この余剰の損失を厚生損失あるいは死重損失という。

　他方、同じく図 3-11 において、均衡生産量 x^* よりも大きな生産量 x_2 で生産がなされているとしよう。これは消費者の限界効用よりも生産者の限界費用が大きいことを意味する。売れ残りを防ぐためには、価格は p_2 でなければならない。消費者余剰は △AGp_2 である。生産者余剰は総収入から総費用を引いたものであるから、□p_2Gx_20 - □BFx_20 = △p_2DB - △DFG となる。そこで社会的余剰は △AEB - △EFG となり、△EFG の厚生損失が発生することになる。

　以上により、均衡における生産量 x^* が社会的余剰を最大にする生産量であることがわかった。

2 パレート効率性

パレート効率性（パレート最適といわれることもある）とは、誰かの効用水準を下げることなしには誰の効用水準をも引き上げることができない状態と定

義される。もし、誰の効用も犠牲にせずに誰かの効用水準を引き上げることが可能であるならば、そのような変化は**パレート的改善**という。パレート効率的な状態とはパレート的改善がもはや不可能な状態のことである。

上でみた社会的余剰が最大化されている状態は、パレート効率的な状態でもある。均衡における最適な生産量以下での生産量 x_1 においては、限界効用が限界費用を上回っているので、生産量を増加させることによって社会的余剰が増加するのであるから、パレート的改善が可能である。逆に過大な生産量 x_2 においては、生産量削減がパレート的改善である。したがって、均衡での生産量 x^* が、パレート効率的な生産量となるのである。

均衡は、消費者のその財に対する限界効用を表す需要曲線と、生産者の限界費用を表す供給曲線が交差するところであるから、均衡需給量 x^* を生産するときには、限界効用と限界費用が一致しているのである。このとき、上述のように社会的余剰が最大になり、パレート効率性が達成されるという意味で社会にとって最適な生産が行われているということになる。そこで、パレート効率性の条件は、

$$限界費用 = 限界効用$$

となる。

以上の議論からわかるように、均衡においてパレート効率的な資源配分が達成されるということになる。消費者は限界効用と価格を一致させるという私的な効率性を追求し、生産者は限界費用と価格を等しくさせるという私的な効率性を求めることが、市場メカニズムを通してパレート効率性という社会的な効率性をも達成するのである。このような巧妙なはたらきが市場メカニズムの最大の特徴である。

5 均衡分析の応用

1 初任給の固定化と就職難

均衡分析は経済学の最も基本的な分析方法であり、さまざまな経済問題や

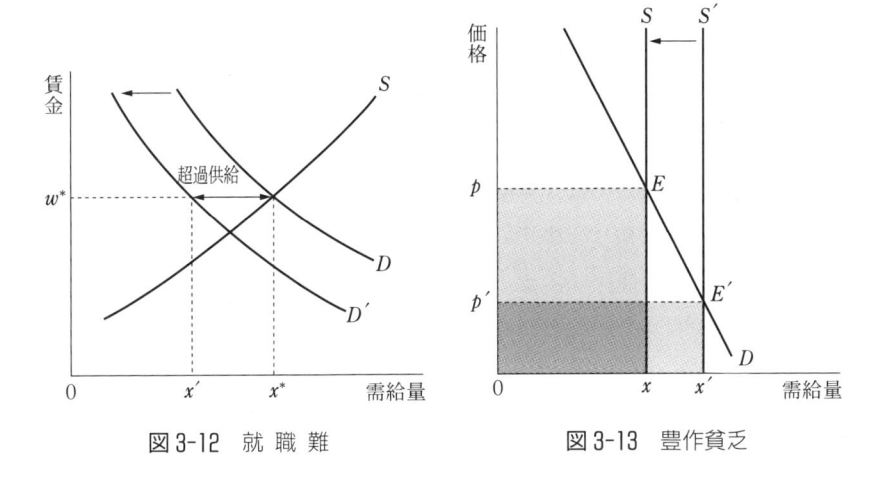

図 3-12　就職難　　　　　　　　　図 3-13　豊作貧乏

現実の現象を解明するのに役立つ。まず最初に新卒者の労働市場で何が起こっているのかを簡単にみてみよう。

図 3-12 には、労働に対する需要・供給曲線が描いてある。例年の新卒者の労働需給量が需要曲線 D と供給曲線 S による均衡において決定されている。均衡価格は初任給である。ところがある年は不況のため労働需要が減少し、労働需要曲線が D' にシフトしたとしよう。すると、需給が一致するためには初任給は下がらなければならない。ところが、慣行などによって初任給が下がることはまず起こらず、悪くても前年と同じである。すると、労働の超過供給が発生し、就職できない新卒者が生まれてしまうことになる。最近は戦後最悪ともいわれる新卒者の就職難が続いているが、不況ばかりでなく初任給が下方に硬直的であることも新卒者の就職難の一因なのである。

② 豊作貧乏

農作物の出来高は天候の影響を受けやすく、例年より天候に恵まれると豊作になるが、2003 年のように冷夏であると米の収穫量は激減する。

たとえばキャベツが豊作のときには、消費者は安くておいしいキャベツをたくさん食べられるし、農家も売上げが多くて喜んでいると思ったらそうで

もない。農家は、できすぎて値崩れを起こしたキャベツをブルドーザで潰して出荷調整し、値下がりを防ぐという。なぜこのような事態が起こるのであろうか。

図3-13には、キャベツの需要曲線と供給曲線が描かれている。供給曲線がほとんど垂直であるのは、キャベツなどの野菜類は長期間貯蔵することができず、そのため価格に合わせて生産量を調整することができないからである。S は例年の供給曲線であり、S' は豊作の年の供給曲線である。豊作の年には価格が低くなっているのがわかる。農家の総収入（＝消費者の総支出）は、例年が □$pEx\,0$、豊作年が □$p'E'x'0$ であり、□$pEx\,0>$□$p'E'x'0$ となっている。すなわち、豊作の結果かえって農家の総収入は例年よりも減少してしまうのであり、これを**豊作貧乏**という。このため農家はブルドーザでキャベツを潰してしまい、供給曲線を S' から S に強制的にシフトさせて価格を上昇させ、例年と同じ収入を確保しようとするのである。

豊作貧乏という現象が生じるか否かは、農作物の需要の価格弾力性の大小に依存することは明らかであろう。キャベツに対する需要が弾力的か非弾力的で、潰す必要があるかどうかが決まるのである。この点の検討は読者に任せよう。

3 食糧管理制度と社会的余剰

わが国では1995年まで食糧管理制度という制度が存在し、米の生産量や米価が政府によって決められていた。食糧管理制度は、作付制限、余剰米の買い上げ、二重価格制などによって構成されているが、ここでは二重価格制をとりあげよう。二重価格制というのは、米価を均衡価格で自由に取引させるのではなく、政府が生産者から均衡価格より高い価格で買い入れ、消費者に均衡価格より低い価格で販売するものであり、売買逆ざやとも呼ばれている。この制度は一見、米の生産者にとっても消費者にとっても利益のありそうな制度であるが、社会的余剰の観点からするとそうではないことがわかる。

図3-14において価格 p_1（$<p^*$）は消費者米価である。ここでは、簡単化

図 3-14 二重価格制と社会的余剰

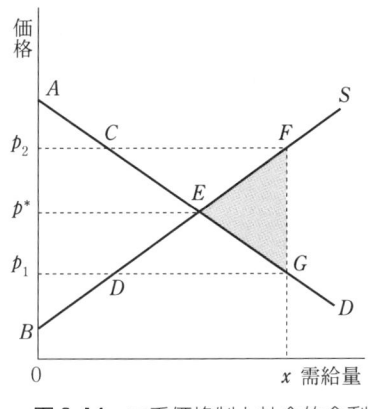

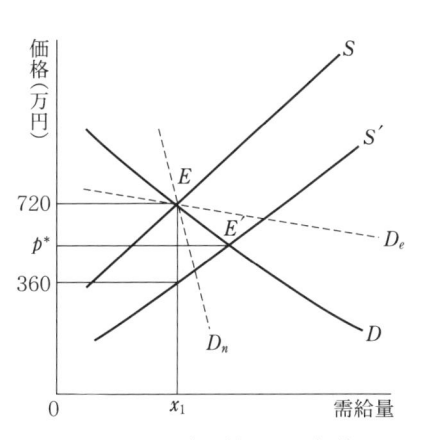

図 3-15 円高と輸入品の価格

のために米の需給量が一致する価格が決定されているため、政府が在庫管理をする必要はないが、需給量が一致しなくても事態は複雑になるだけで本質は変わらない。

消費者米価が p_1 であるから、消費者余剰は△AGp_1 であり、生産者米価が p_2 であるから、生産者余剰は△BFp_2 で与えられる。しかし、政府が消費者から受け取る分□p_1Gx_0 よりも生産者に支払う分□p_2Fx0 のほうが大きいから、その差額□p_2FGp_1 は国民の税金から支払わなければならない。したがって、社会的余剰は、

△AGp_1 +△BFp_2 −□p_2FGp_1
= (△AEp^* +□p^*EGp_1) + (△p^*EB +□p^*EFp_2) −□p_2FGp_1
= △AEB −△EFG

となり、市場に任せておいた場合の社会的余剰△AEB より△EFG の分だけ小さくなってしまう。すなわち、二重価格制度によって、市場における自由な決定に比べて△EFG の面積分の厚生損失が生じているのである。

4 為替レートと輸入品の価格

為替レートとは、ある国の通貨と外国の通貨の交換の比率であり、需要と

供給によって決定される。そのため、ある日に1ドルが120円であったのが翌日に122円になり、円が下がったというように変動する。ところで、円高になると輸入品の価格は下がってもいいはずなのに、それほど下がらないことが多い。たとえば、円が10％上がったとき、輸入品の価格は数％は下がることはあっても決して10％下がることはない。これはなぜであろうか。

例としてある高級車を製造・販売している外国企業を考えよう。図3-15には、為替レートが変わったときのこの外国車の需要曲線と供給曲線が描かれている。この企業はドルで測った価格に対して供給量を決定するので、供給曲線はドルに対して描かれる。たとえば、車の価格が3万ドルのときの供給量がx_1台であり、供給曲線は為替レートの影響は受けない。ところがその供給曲線は、円で表すとシフトすることになる。Sが1ドル＝240円のときの供給曲線であり、S'は1ドル＝120円のときの供給曲線である。日本国内の消費者は、国内価格で需要量を決定するので、需要曲線はシフトしない。1ドルが240円のとき、均衡価格は720万円であるとしよう。次に1ドルが120円に下がった（円は上がった）としよう。すると供給曲線は右方にシフトし、新しい均衡E'が決まる。しかし、均衡価格p^*は720万円＞p^*＞360万円であって、360万円まで低下することはない。すなわち、円が50％高くなっても、この外国車の価格は決して50％下がることはないのである。

この議論では、均衡価格は需要曲線の傾きすなわち需要の価格弾力性に大きく依存し、均衡価格は価格弾力性の値によって、720万円近くから360万円程度まで大きく変動する可能性がある。財の需要が価格に対して非弾力的であれば価格は下がり、弾力的であればあまり下がらないことになる（図3-15の需要曲線D_nとD_eを比べてみよう）。つまり必需品は下がるが、奢侈品は下がらないのである。高級車や高級家具、ブランド品などの奢侈財は需要の価格弾力性が大きいから、円が高くなっても輸入価格ははあまり下がらないことになる。奢侈財には円高のメリットは小さいのである。

参考文献

伊藤元重『ミクロ経済学』日本評論社、1992 年
西村理『ミクロエコノミックス』昭和堂、1989 年
西村和雄『ミクロ経済学』岩波書店、1996 年
森久義編著『くらしの中の経済学』八千代出版、1993 年

第4章

不完全競争と市場の失敗

1 不完全競争

1 不完全競争市場

　市場に関する前章までの議論では、価格は市場での需要と供給によって決定されていて、個々の企業が価格を決める力を持っていなかった。このような企業をプライステイカー（価格受容者）という。つまり、企業ができるのは、市場で決められた価格にあわせて利潤を最大とする自己の供給量を決定することだけである。もちろん、個々の消費者にも価格決定力はなく価格受容者である。プライステイカーである企業と消費者から成り立っている市場を完全競争市場という。第3章の議論では完全競争が成立していることが前提とされていた。しかし、現実の経済をみてみると、このような完全競争市場というのは数少なく、生鮮野菜市場、株式市場などでしかみられない。多くの製造業では、いくつかの企業が同様な製品を供給しているとことが多い。このような市場を**寡占**（正確には売り手寡占）という。また、売り手が2社しかない場合を**複占**といい、さらに、売り手が1社のみの場合を独占という。さらに、同質的な財を数多くの企業が供給している市場を**独占的競争**という。

2 独　　占

　市場においてある財・サービスを供給する企業が1社だけしかないとき、その市場の状態を独占、正確には売り手独占という。これに対して需要が1

73

人の場合を買い手独占という。独占企業は価格決定力を持っており（プライスメイカーという）、完全競争企業とは行動が異なっている。それについて簡単に調べてみよう。

個々の完全競争企業は価格決定力を持っていないので、個々の企業が供給する財に対する個別の需要曲線は水平である。したがって、個々の企業は供給量を決定することしかできず、価格に対する支配力はない。これに対して独占企業では、市場の需要曲線そのものが行動の企業の直面する需要曲線である。そのため、量を多く供給しようとすれば価格を引き下げる必要がある。独占企業は価格と数量の両方を決めなければならないのである。しかし、価格と数量の関係は需要曲線によって規定されているから、結局は最適な生産量を決定する問題となる。

図4-1には、ある独占企業の生産する財に対する需要曲線が描いてある。総収入は、価格と数量の積であるから、1単位をより多く販売することによって得られる収入すなわち**限界収入**は、図4-1のように需要曲線の下側に位置する。この企業の利潤は、限界収入と限界費用が一致するところ、すなわち限界収入曲線と限界費用曲線の交点に対応する生産量 x^* で最大となる。なぜなら、x^* より少ない生産量では、図4-1からわかるように限界収入が

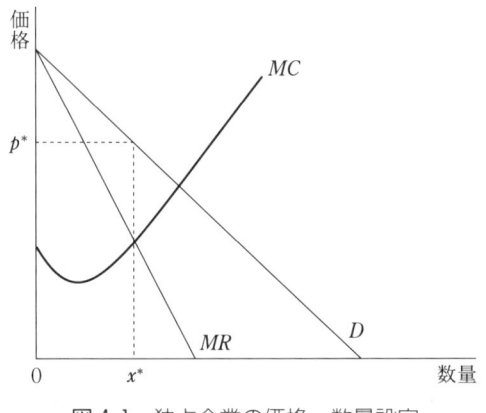

図4-1 独占企業の価格・数量設定

限界費用より大であるから、生産量を増加させることによって利潤は増加し、また x^* より多い生産量では、限界費用が限界収入より大であるから、生産量を減ずることによって利潤が増加するからである。こうして、限界収入と限界費用が一致するところで利潤が最大化されるのである。そして、この生産量をちょうど売り切るためには、価格は需要曲線から求められる p^* でなければならない。完全競争企業でも同様に、最適な生産量は限界費用＝限界収入のところで求められ、さらにそれは価格とも等しくなっていた。ところが、独占企業の設定する価格はそれよりも高くなっている。価格が高い分だけ利潤は大きくなり、そのため独占利潤と呼ばれている。

　第3章でみたように、企業にとっては価格が限界費用と一致するとき、また消費者にとっては価格と限界効用が一致するとき、社会的余剰が最大となり、パレート効率性が達成される。ところが、独占企業の行動では価格＝限界費用が満たされずに、効率性は損なわれてしまう。社会的にみて望ましい生産量は x^* より大であるから、独占企業の生産量は社会的にみて過小となる。

③ 複占とゲーム理論

　同一の財を供給している2つの生産者があるとしよう。このような複占の経済分析はなかなか難しい。なぜなら、互いに相手の行動を予測し合い、自分にとって最善の行動をとらなければならないからである。このような状況を分析する道具として、経済学ではゲーム理論がよく用いられる。まず、簡単な複占のケースを、ゲームとして表してみよう。

　同一の財を供給する2つの企業A社とB社があり、いま両社とも値上げすべきか価格を据え置くべきかを考えているが、互いに他者の行動次第でその利潤が大幅に変わってしまうとしよう。表4-1にはこの状況がまとめられている（利得表という）。

　まずこの表（利得表）の見方を説明しよう。A社、B社ともとりうる行動は、値上げするか、価格を据え置くかの2つだけである。このとりうる行動

表4-1 寡占企業の利得表（単位：億円）

A社\B社	値上げ	据え置き
値上げ	(10, 10)	(−15, 15)
据え置き	(15, −15)	(0, 0)

を戦略という。そして、A社、B社ともに値上げした場合の両社の利益増加分が表の左上の部分に書かれている。カッコ内の左の数値はA社の、右の数値はB社の増益額を示していて、(10, 10) は、両社とも値上げをすれば両社とも10億円の増益となることを示している。A社だけ値上げし、B社が据え置けば、A社の顧客はB社にほとんどとられてしまい、A社にとっては大打撃、B社にとっては大増益となり、そのことは右上の (−15, 15) という数値で表わされている。逆に、B社だけ値上げし、A社が価格を据え置けば、B社にとっては大減収、A社にとっては大増益となり、それは、左下の (15, −15) という数値で表わされている。もし両社とも価格を据え置けば利潤に変化はなく、(0, 0) という右下の数値がこれを示している。さて、このような状況で両社はあらかじめ協力して戦略を決められないとすれば、どのような戦略をとることが利潤最大化の観点からみて望ましいのであろうか？

まず、A社の立場から考えてみよう。A社はB社がどの戦略を採用するのか予想する。B社が値上げを選ぶと予想すれば、A社にとっては据え置きが最適な戦略である。なぜなら、B社が値上げしてA社が据え置けば、A社にとっては15億円の増益となるが、値上げすると10億円の増益しかないからである。同様に、B社が価格を据え置くと予想すれば、A社にとってはやはり据え置きが最適な戦略である。なぜなら、B社が据え置いた場合にA社が値上げすると、A社にとっては15億円の減益となるが、据え置けば0（現状維持）にとどまるからである。したがって、A社にとっては、B社がどちらの戦略をとったとしても、価格の据え置きという戦略が最適となるのであ

る。このような戦略を支配戦略という。

　次にＢ社にとっての最適な戦略を考えてみよう。上の議論でＡ社とＢ社を入れ替えてもまったく同じことが成立することがわかるであろう。つまり、Ｂ社にとっても価格を据え置くことが最適戦略なのである。したがって、両社とも価格の据え置きという戦略を採用し、両社の利潤額はいまと変わらないことになる。

　この状態は、もし両社が事前に協力を約束して、ともに値上げした場合に得られる利得（10億円ずつ）より明らかに劣っている。

　現実には、このようなケースでは、共謀して値上げすることはカルテル行為として法的に禁止されている。消費者が不利益を被らないための政策である。

　この例のように、全体としてはもっとよい状態があるのに、それぞれが自己の利益を追究した結果、かえって利益が少なくなってしまうような状態が起こるゲームを、**囚人のジレンマ・ゲーム**という。

2　市場の失敗

1　市場の失敗とは

　前章では、完全競争市場では、需要曲線と供給曲線で決定される市場均衡で取引を行えば効率的であることをみた。つまり市場経済は効率的であって、政府による安易な政策的介入は、効率性を損なうおそれがあるために望ましくないという結論であった。しかし、現実には市場メカニズムはいくつかの点で限界を持っており、必ずしも効率的な資源配分を達成できないことがある。そのような現象を**市場の失敗**という。市場の失敗があるときには、市場に任せておかずに、適切な政策的介入や制度的整備が必要になるであろう。本節では市場の失敗をもたらすいくつかの要因の中から、独占、外部性、公共財、非対称情報について検討する。

2 独占と余剰の損失

次に独占企業が利潤最大化行動をとった場合の余剰への影響をみてみよう。図4-2では、この独占企業の生産者余剰は網かけ部分 p^*CDB で表されている。一方、消費者余剰は△ ACp^* である。ところが、社会的余剰が最大となるのは、限界費用曲線 MC と需要曲線 D の交点で生産が行われるときであり、そのときの社会的余剰は AEB の部分である。すなわち、独占企業が利潤最大化行動を行うと、CED の分だけ社会的余剰は減少することになる。これを**厚生損失**または**死重損失**という。独占が効率性の観点からみて望ましくないことの理由である。

3 外部性

消費者や企業の行動が直接、間接に他の消費者や企業に影響を及ぼすことを**外部効果**あるいは**外部性**という。外部効果は、他の経済主体にプラスの効果をもたらす**外部経済**と、マイナスの効果を及ぼす**外部不経済**とがある。たとえば、新たに駅が開業することによって周辺の土地が値上がりするのは、この土地の所有者にとっては外部経済の例である。また、工場が汚れた廃水を川に流し、そのため下流の住民が被害を受けるのは外部不経済の例である。

ただし、この2つの例には本質的な違いがある。第1の例では、地価が上がるのは、駅ができたことによって土地の評価（需要）が上昇し、土地市場で決定される地価が上昇するのである。このように市場を経由して影響がもたらされる外部効果を金銭的外部効果という。逆に、鉄道廃止によって地価が下がれば、金銭的外部不経済である。金銭的外部効果は一般にあらゆる経済活動が持っているものであり、市場がうまく機能していることの証明であって、ことさら問題にする必要はない。

しかし、第2の例では事情は異なる。そこでは複雑系の財である汚染物質が、市場を経由して取引されずに、消費者の効用に直接影響を及ぼしている。このような外部効果は技術的外部効果といわれる。市場の失敗として問題となるのはこの技術的外部効果のみである。そこで以下では、技術的外部効果

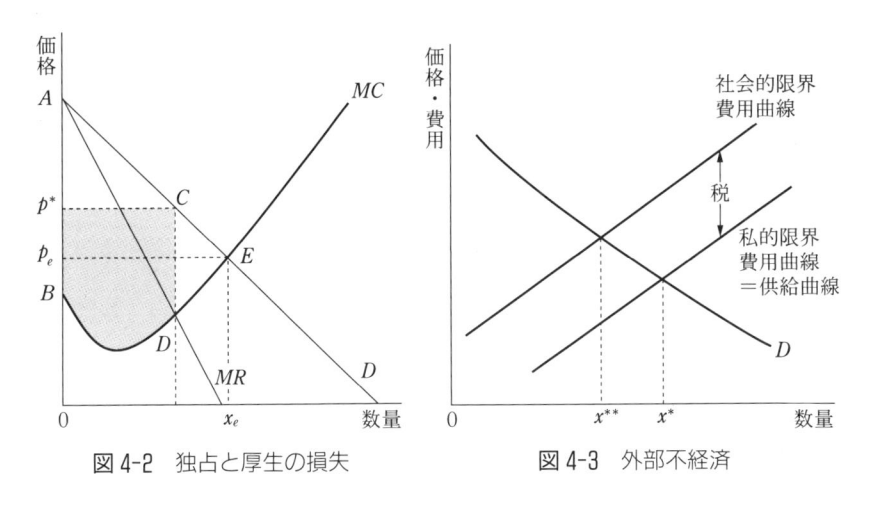

図 4-2　独占と厚生の損失　　　　　図 4-3　外部不経済

表 4-2　外部効果の分類

外部効果
- 金銭的外部効果
  - 金銭的外部経済（例：新駅開業による地価上昇）
  - 金銭的外部不経済（例：鉄道廃止による地価下落）
- 技術的外部効果
  - 技術的外部経済（例：借景）
  - 技術的外部不経済（例：公害、環境問題）

を単に外部効果ということにしよう。外部効果のうち外部不経済は、川の汚染の例のほかに公害や環境問題が当てはまる。外部経済としては、隣家の美しい庭園をただでみて楽しむことができる借景がよい例である（表4-2）。

さて公害を例にとって、外部不経済の問題を考えてみよう。ある企業が何かを生産するために汚染物質を川に流しているとする。この企業は、下流の消費者が被る被害額は負担していない。つまりこの企業は、自己の生産する財の原材料や労働などの生産要素に関する費用（これを私的費用という）は負担するが、汚染物質によって社会全体が支払わなければならない費用（社会的費用）は負担していないのである。図4-3には、この企業の私的限界費用曲線と社会的限界費用曲線が描かれている。社会的限界費用曲線は私的限界費用曲線より汚染物質の除去費用分だけ上方に位置する。この企業の製品の

第 4 章　不完全競争と市場の失敗　79

生産量は私的限界費用曲線と需要曲線の交点で x^* が決定されるが、社会的に望ましい生産量は需要曲線と社会的限界費用曲線の交点で決定される x^{**} である。そして $x^* > x^{**}$ であるから、この製品は社会的にみて過剰に生産されているのである。このとき限界効用と社会的費用が一致せずにパレート効率性が満たされないために、市場は失敗するのである。

このような場合には、私的限界費用を社会的限界費用に一致させることが必要である。そのためには、公害発生企業に対して私的限界費用と社会的限界費用の差額を課税し、その企業に社会的費用を負担させればよい。このような税を、考案者であるピグーの名をとってピグー税という。ピグー税の基本的考え方は、社会的費用をその発生者に負担させることによって、外部性を内部化することである。

外部性が存在する場合には市場メカニズムに任せておいては社会的に最適な生産量が達成されない。それは外部性をもたらす物質が市場において取引されないからである。その場合には、この例のように、ピグー税を課すなどの適切な政策が必要となる。そのほかにも、汚染物質の排出量を直接規制する、汚染物質の削減に対して補助金を交付する、汚染物質を排出する許可証を発行し、それを市場で売買するなどの対策が考えられる。いずれにせよ外部性が存在する場合には、政府が適切な政策によって対応しなければ、社会的に望ましい生産が行われないことになろう。

4 公 共 財

通常の財、たとえばリンゴを考えてみよう。リンゴは普通、対価を支払わなければ手に入れることはできず、また1人が消費してしまえばその同じリンゴは、もうほかの人が消費することはできないという性質を持っている。前者の性質を**排除性**といい、対価を支払わない人を消費から排除できることを意味する。後者の性質を**競合性**といい、同一の財を同時に複数の人が消費することはできないという意味である。通常の財・サービスではこの2つの性質が満たされており、それが市場メカニズムの効率性を保つためには必要

である。

　ところが、これらの性質が満たされない財・サービスが存在する。たとえば、灯台、国防、司法制度、警察といった国の提供するサービスである。その中から代表的な例として灯台をとりあげてみよう。灯台は対価を支払わない船舶があるからといって、その船にだけ灯台の光を利用させないようにすることはできない。より正確にいえばそうすることは技術的に可能であったとしてもそのためにはきわめて高い費用がかかってしまう。したがって、非排除的なサービスといえる。また、一隻の船がその灯台の光を利用したからといって他の船舶の利用が妨げられるわけではない。すなわち、非競合的なサービスでもある。

　一般に、この性質を持つ財やサービスは**公共財**と呼ばれている。これに対してリンゴのような財は私的財と呼ばれる。公的機関によって供給される財・サービスがすべて公共財というわけではない。たとえば、民営化される以前のタバコや塩は私的財の性質を持っているが、公的に供給され、逆に民間放送は公共財の性質を備えているが、民間企業によって供給されている。非排除性と非競合性を完全に満たす公共財の例は多くない。前述の例のほかに、行政サービス、放送などがあげられる。また非排除性と非競合性のうち、一方のみを満たす財・サービスは準公共財と呼ばれている。たとえば、公園、図書館、道路などはある水準までは非競合性を満たすが、その水準を超えると混雑現象が発生し競合財となってしまう。

　公共財の持つこれらの性質が市場の失敗を引き起こす原因である。非排除性があるために、需要者は対価を支払わないかもしれない。このような人を**フリーライダー**（ただ乗り）という。フリーライダーを排除できないなら、民間企業はそのような財を供給しようとはしないであろう。

　また、非競合性を持つ財は、いったん供給されれば新たな消費者が消費に参加することによる費用はゼロである。したがって、そのような消費者に料金を課して排除することは望ましくないことになり、価格をゼロにすべきであることになる。しかしそのような財も私的に供給されるはずがない。

図4-4 公共財の需要曲線

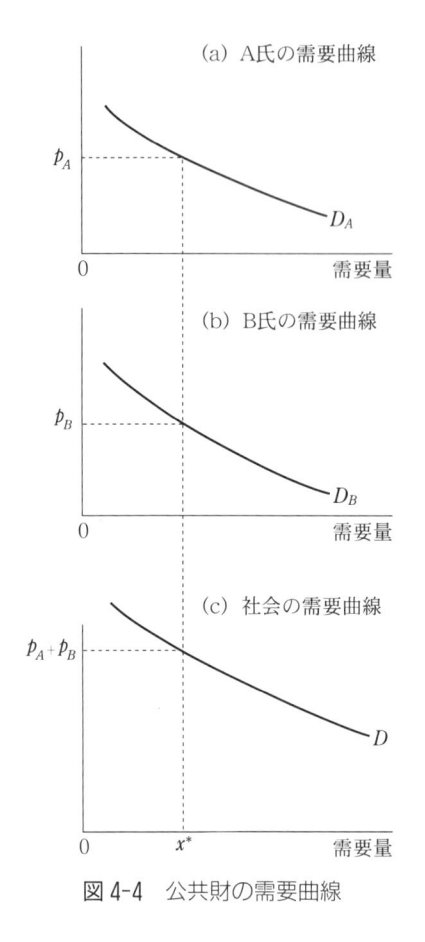

(a) A氏の需要曲線
(b) B氏の需要曲線
(c) 社会の需要曲線

したがって、公共財（準公共財）はその性質から、社会にとって望ましい財であっても私的には供給されえず、その意味で市場は失敗することになる。そこで社会的に望ましい財は政府が課税などの財源によって供給しなければならないのである。

図4-4には、公共財に対する需要曲線が描かれている。私的財の市場需要曲線は各消費者の個別需要曲線を水平方向に足すことで求められた。しかし、公共財の需要曲線は垂直方向に足し合わせなければならない。最適な供給量は、そうして求めた需要曲線と限界費用曲線の交点で決定されることになる。しかし、公共財の利用者それぞれの需要曲線（限界便益曲線）を正しく知るのは難しく、また利用者が自己の限界便益を正しく表明するインセンティブもないので、公共財の最適な供給は困難な問題を含んでいる。

5　情報の非対称性

(1) 情報の非対称性と市場の失敗

いままでの議論では、情報に関しては完全であり、たとえば取引される財の品質については、売り手も買い手も完全に知っているという完全情報の前提がおかれていた。しかし、現実には、そのような完全情報はめったに満たされず、売り手は財の品質をよく知っているが買い手はよく知らないという

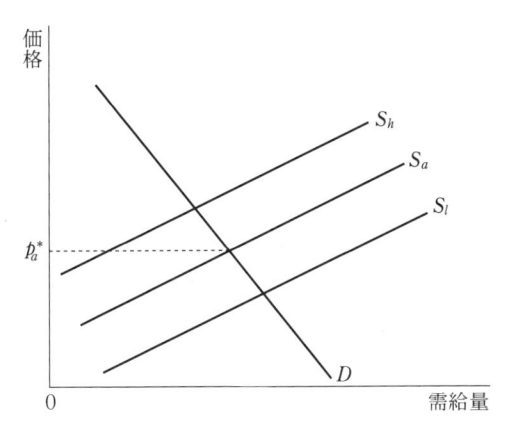

図 4-5　レモンの原理

情報の不完全性が生じている。このような情報の不完全性を、**情報の非対称性**という。この場合にも市場は失敗してしまうことをみていこう。

(2)　レモンの原理

中古車市場を例にとろう。中古車には質のよい車も悪い車もあり、売り手は自分が売ろうとしている車の品質をよく知っているが、買い手はよくわからないというのが普通であろう。この場合には、高品質の車の売り手は比較的高い価格で車を売ろうとするが、低品質の車の売り手はそれほど高くなくても売ろうとするであろう。このことが図 4-5 に示されている。

供給曲線 S_h は、高品質車の供給曲線、S_l は低品質車の供給曲線である。しかし、市場では品質についての情報が存在しないため、平均的な品質の車の供給曲線 S_a と需要曲線 D との交点で均衡が成立し、価格は p_a^* となる。このため、高品質の車の売り手にとっては不満であり、市場から高品質車を引き上げてしまうであろう。一方、低品質車の売り手は価格が高いので、より多く供給しようとする。

この結果、市場から高品質の中古車が排除されてしまい、低品質の中古車ばかりになってしまう。英語で品質の劣るものをレモンというため、このような高品質のものが排除され、低品質のものばかりが市場に出回ることをレ

モンの原理というのである。市場メカニズムによって品質のよいものが残らず、逆に悪いものが残ってしまうため、この現象は**逆選択**といわれる。情報の非対称性のために市場が失敗してしまう例である。

(3) モラルハザード

次に、人の行動についての情報の非対称性があるために、市場が失敗する例をみるために、自動車保険をとりあげよう。自動車の運転者は事故を起こしたときの補償に備えて自動車保険に入る。事故の被害者や被害物件に対して保険会社から補償金が支払われるわけである。そうすると、自動車の運転者は、保険に入っていない場合に比べて運転が乱暴になったり、不注意になったりすることも考えられる。このような行動を**モラルハザード**（道徳的な欠陥）という。モラルハザードが生じると、事故の発生する確率は高くなり、保険会社は最初に想定していた事故の発生確率に基づいて保険料を決定するから、予想より高い確率が続くと保険そのものが成立しなくなるおそれがある。そして、事故確率が高くなると、保険料が引き上げられ、その結果、安全運転をする運転者は保険に入らなくなり、保険に加入するのは比較的事故確率の高い運転車ばかりになるという逆選択が発生し、保険市場が失敗する可能性が高くなるのである。

(4) 制度的対処

実際には、中古車市場も保険市場も成り立っている。これはなぜであろうか。品質のよい車の売り手は、その品質がよいということを買い手に知らせることによって高い価格で売れるようにしているのである。たとえば、品質保証制度がそれである。購入後一定期間に生じた故障や欠陥は無料で直すという保証をつけることで、買い手に対して品質がよいことを知らせるのである。これを**シグナリング**という。売り手自身が、業者の協会に加盟したり官庁の許可証を掲示したりして、悪質な財を売らないということを買い手にアピールすることもシグナリングの一種である。

また、モラルハザードを防ぐために、軽微な損害に対しては保険金を支払わずに、被保険者に負担させる制度（共同保険）や、事故を起こさない優良

運転者の保険料を割り引くという制度は、モラルハザードを防止するために考案された方法である。

このように、情報の非対称性に原因がある市場の失敗に対しては、さまざまな制度的工夫によって、それを回避することが行われている。

参考文献
伊藤元重『ミクロ経済学』日本評論社、1992年
酒井泰弘『はじめての経済学』有斐閣、1995年
西村理『ミクロエコノミックス』昭和堂、1989年
西村和雄『ミクロ経済学』岩波書店、1996年
森久義編著『くらしの中の経済学』八千代出版、1993年

マクロ経済学

第5章

経済活動水準の測定

1　国民経済の成果

　第4章までのミクロ経済分析の中で学んだように、経済社会の中で消費者や企業が経済活動を営んでいる。その成果は、消費者個人個人異なるし、企業もそれぞれ異なる。1つ1つを測定しても、満足している人やよい結果の企業もあれば、満足していない人やあまりよくない結果しか残していない企業もあり、経済の状況を総合的に判断することができない。

　そこで、個々の経済主体の活動をトータルした国民の経済全体で経済の状況を測定する。それによって経済の動きを把握できる。

　経済全体の成果は、生産の総額と所得の総額の2つに現れる。生産は経済全体における生産活動での成果であり、企業が得た付加価値の合計をさす。ある企業が100万円の原材料を仕入れて製品をつくり120万円で売ったとしたらそのときの付加価値が20万円にあたり、一国でのそのトータルが国全体の生産の成果である。

　他方、所得とは、経済活動を通して稼得された、利潤、賃金、利子、地代などの所得をさす。その一国での合計を国民所得という。これらのトータルが所得面から計算した国全体の経済の成果である。

2　生産＝分配

　一国の生産のトータルを総生産と呼ぶ。これは一定期間内の一国内の付加価値の合計である。この総生産は、生産で稼得されたお金を分配した所得の総額に等しくなる。

　それを簡単に説明してみよう。次のように一国に

　　A企業（原材料を産出する産業）
　　B企業（中間財産業）
　　C企業（最終財産業）

の3社が存在しているとしよう。A企業は鉱物を掘り出してB企業に販売する。B企業はそれを購入し加工したうえでC企業に販売する。そしてC企業はそれを購入・加工し消費者に販売するとしよう。各企業の産出額（原材料費と付加価値の合計）が、

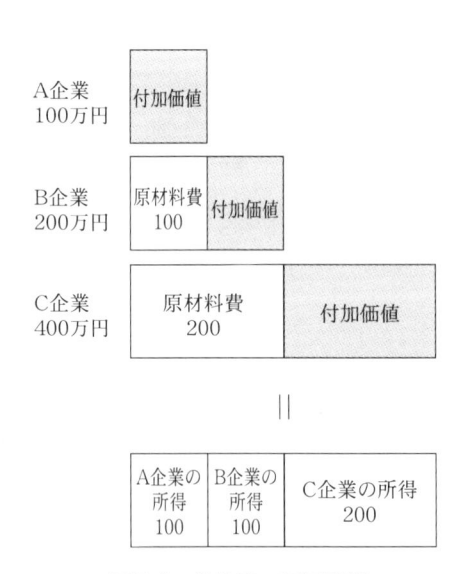

図 5-1　総生産＝国民所得

A企業：100万円
　　B企業：200万円
　　C企業：400万円

とする。単純に合計すると700万円であるが、総生産（付加価値の合計）はそうではない。

　図5-1のように付加価値は、網かけ部分を合計した400万円である。これが分配された各企業の利潤や賃金の合計である所得400万円と等しくなっている。国の全体の所得の合計を国民所得と呼べば、経済の成果を表す総生産と国民所得が等しくなっている。つまり

　　　　　総生産＝国民所得
　　　　　（生産面）　　（分配面）

が成立している。

3　三面等価

　いま生産面と分配面から経済の成果をみることができた。

　生産によって得られたお金は分配され所得になった。しかし、お金の流れはそこでストップするのではなく、利潤としてお金を得た企業は設備投資にそれを使うし、賃金としてお金を得た労働者はそれを消費に回すであろう。このように、企業や消費者の手に渡ったお金は国内の生産物を購入するための支出となる。

　これを考慮に入れれば、経済の成果は生産面、分配面に加えて支出面でも測定することができるということになる。当然のことながら、この3者は等しくなっている。

　図5-2のように生産から分配へ、分配から支出へ、支出から生産へとお金が流れる。かつその3者の額が等しいのでこ

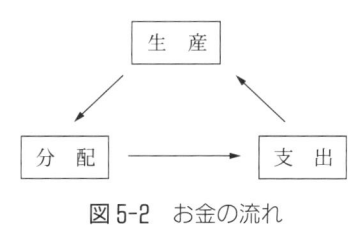

図5-2　お金の流れ

れを三面等価という。

4　各種統計の比較

生産の統計として**国内総生産**（GDP）、支出の統計として**国内総支出**（GNE）、分配の統計として**国民所得**（NI）がある。三面等価の法則だとこの3者が等しいはずであるが、政府の存在を含めた場合、各統計を比較すると図 5-3 のようになっている。

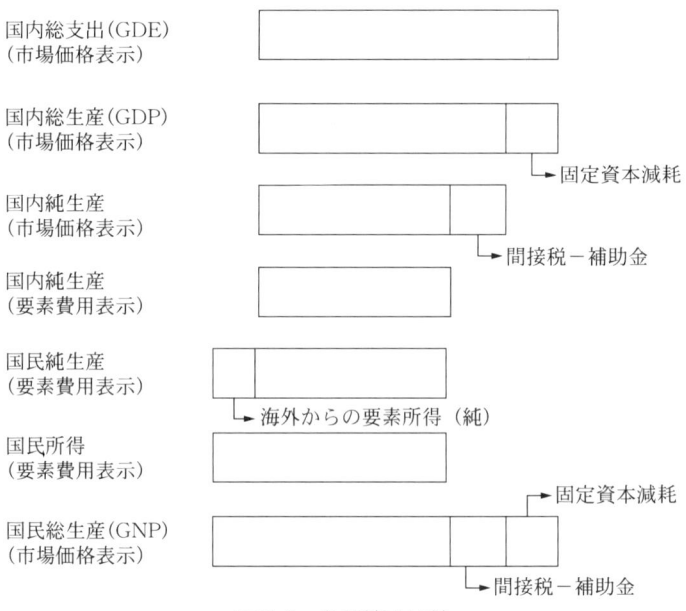

図 5-3　各種統計比較

注：図中に市場価格表示と要素費用表示とある。市場価格表示とは、市場で取引される財・サービスは「間接税－補助金」が加わって価格が設定されていると考えて、それをもとに国内総生産、国内純生産を計算することである。それに対してその「間接税－補助金」を市場価格表示の国内純生産から差し引いたものを要素表示の国内純生産と呼ぶ。

1　国内総生産と国内総支出

　国内総生産と国内総支出の関係は一番上の2つをみればわかるように、まったく等しい額である。国内の生産物やサービスへの支出が国内総支出であるからこの関係が成り立っている。

　　　　　国内総生産（GDP）＝国内総支出（GDE）

2　国内総生産と国民所得

　次に生産の統計である国内総生産と分配の統計である国民所得の関係についてみてみよう。三面等価の法則で理論上両者は等しいはずであるが、政府の存在を考慮に入れた場合、実際の計算上相違が発生する。つまり、国民所得を計算する際、政府の間接税、補助金などを考慮に入れて計算しなければならなくなる。

　国内総生産と国民所得との関係をみるため、まず国内純生産の概念を考える。図5-3の2段目と3段目を比較するとわかるように、国内純生産は国内総生産から固定資本減耗を差し引いたものである。

　　　　　国内純生産＝国内総生産－固定資本減耗

　固定資本減耗というのは、資本ストック（機械や工場など）が利用されているうちに価値が落ちていくその価値減少分である。国内総生産からこれを除いて国内純生産が計算される。

　この国内純生産を要素費表示し（「間接税－補助金」を市場価格表示から引く）、「海外からの純要素所得」を加えたものが国民所得である。

3　国内総生産と国民総生産

　最後に国内総生産（GDP）と国民総生産（GNP）の違いについて触れておこう。図から明らかなように、結局両者は、

　　　　　GDP＝GNP＋「海外からの純要素所得」

という関係になっている。

　この「海外からの純要素所得」を加えるか加えないかで「国内」概念と

「国民」概念の区別がなされる。「国内」概念を「国民」概念に改めるには、日本人が海外で得た所得を加えてかつ外国人が日本で得た所得を差し引く。かつては国民総生産が経済の動向分析の指標として利用されていたが、経済がグローバル化された今日では前述の国内総生産が利用されている (1993年から)。

5　GDPとGDEの実際

1　国内総生産 GDP

各産業の生産額を合計した国内総生産については表5-1に平成13年暦年のものを表示した。それを産業、政府サービス生産者、対家計民間非営利サービス生産者に区分し、それぞれの生産額が表示されている。平成13年の国内総生産は507.5兆円であるが、このうち470.5兆円を産業が占めている。製造業、サービス業が100兆円を超えているのに対して、農林水産業や鉱業は7.0兆円、0.6兆円にすぎない。日本経済内で農林水産業の重要性が強調されているわりには、そのシェアは非常に小さいものである。

　1つ注意しなければならないことがある。それは「統計上の不突合」の項目があることである。本来ならば国内総生産と国内総支出は等しいはずだが、推計上一致しない。その差を統計上の不突合という項目をつくり処理する。ここでは、国内総生産の推計が501.0兆円、国内総支出が507.5兆円であるため、約6.4兆円が統計上の不突合として国内総生産に加えられて両者を一致させている。

2　国内総支出

総支出の統計が国内総支出 (GDE) である。総支出の項目は基本的には前述の消費、投資、政府支出そして貿易収支である。2001年度の国内総支出の内容を表5-2に示してある。消費の大きさである「民間最終消費支出」が285.7兆円というように全体の支出の半分以上を占めている。消費が経済の

表5-1 国内総生産（2001年、暦年、名目値）

(単位：兆円)

1．産　　　業	470.5
（1）農林水産業	7.0
（2）鉱業	0.6
（3）製造業	104.3
（4）建設業	35.8
（5）電気・ガス・水道業	14.5
（6）卸売・小売業	70.5
（7）金融・保険業	33.6
（8）不動産業	67.4
（9）運輸・通信業	32.2
(10) サービス業	104.7
2．政府サービス生産者	47.1
（1）電気・ガス・水道業	4.9
（2）サービス業	14.2
（3）公務	28.0
3．対家計民間非営利サービス生産者	9.4
小　　　計	527.0
輸入品に課される税・関税	3.2
（控除）総資本形成に係る消費税	3.5
（控除）帰属利子	25.8
国内総生産（不突合を含まず）	501.0
統計上の不突合	6.4
国内総生産（不突合を含む）	507.5

注：統計資料の関係で表5-1のみ暦年。
出所：内閣府経済社会総合研究所『国民経済計算年報』
　　　〔平成15年版〕。

4番バッターといわれるゆえんである。投資の大きさは「国内総資本形成」として表され、それが「民間」と「公的」に区分され、そしてそれぞれが細分化されている。企業設備投資は、「総固定資本形成」内の「民間」の項目の中にある「企業設備」であり、74.9兆円である。「財貨・サービスの純輸出」が3.9兆円とあるが、この項は「輸出－輸入」をさし、「財貨・サービスの輸出」から「財貨・サービスの輸入」を控除して計算される。

表 5-2 国内総支出

(単位:兆円)

項　目	2001年度
1．民間最終消費支出	285.7
（1）家計最終消費支出	279.4
a　国内家計最終消費支出	277.2
b　居住者家計の海外での直接購入	2.5
c　（控除）非居住者家計の国内での直接購入	0.3
（2）対家計民間非営利団体最終消費支出	6.3
2．政府最終消費支出	88.6
3．国内総資本形成	124.4
（1）総固定資本形成	126.2
a　民　　間	93.4
（a）住　宅	18.5
（b）企業設備	74.9
b　公　　的	32.8
（a）住　宅	1.0
（b）企業設備	7.5
（c）一般政府	24.3
（2）在庫品増加	－1.8
a　民間企業	－1.8
b　公的企業	0.0
4．財貨・サービスの純輸出	3.9
（1）財貨・サービスの輸出	52.3
（2）（控除）財貨・サービスの輸入	48.4
5．国内総支出	502.6

出所:内閣府経済社会総合研究所『国民経済計算年報』〔平成15年版〕。

6　景気の状態を測る指標

1　経済成長率

　景気の状態を測る指標の1つが国内総生産の増加率である経済成長率である。**経済成長率**が高ければ景気はよいし、低ければ景気はよくない。この経済成長率は、国内総生産の伸び率で計算される。しかも、名目国内総生産ではなく、実質国内総生産で計算される。名目値と実質値の違いは、名目値には物価上昇が含まれているが、実質値ではそれが排除されているという点で

表 5-3 国内総生産の推移

(単位：兆円)

	国内総生産(名目)	国内総生産(実質)	実質経済成長率(%)
1980 年度	249.1	312.0	—
1981 年度	264.6	320.7	2.8
1982 年度	277.7	330.9	3.2
1983 年度	290.3	339.0	2.4
1984 年度	310.4	352.9	4.1
1985 年度	331.0	368.2	4.3
1986 年度	345.9	379.8	3.2
1987 年度	362.6	398.9	5.0
1988 年度	388.7	424.3	6.4
1989 年度	417.5	444.9	4.9
1990 年度	451.5	469.6	5.6
1991 年度	475.0	480.9	2.4
1992 年度	483.6	483.0	0.5
1993 年度	487.9	485.3	0.5
1994 年度	491.6	489.6	0.9
1995 年度	504.0	508.9	3.1
1996 年度	516.7	521.4	3.3
1997 年度	521.2	522.2	0.2
1998 年度	514.4	518.7	−0.7
1999 年度	510.7	524.0	1.0
2000 年度	515.5	539.2	3.2
2001 年度	502.6	531.6	−1.4

注：実質値に 1995 暦年基準。

ある。もしインフレの激しい国で1年間に国内総生産が5倍になったからといって、その国の経済力が5倍になったとは誰も判断しない。大半はインフレによるからである。そのインフレ分を排除しないと真の経済力の伸びをみることができない。そのための統計が実質値である。実質の国内総生産は、たとえばその項目が消費、投資、政府支出、貿易収支だとすれば、

$$実質国内総生産＝実質消費＋実質投資＋実質政府支出＋実質貿易収支$$

で計算される[1]。表 5-3 では 1995 年の物価水準ですべての実質国内総生産を計算してある。年度の経済成長率はこれを使って次式で計算される。

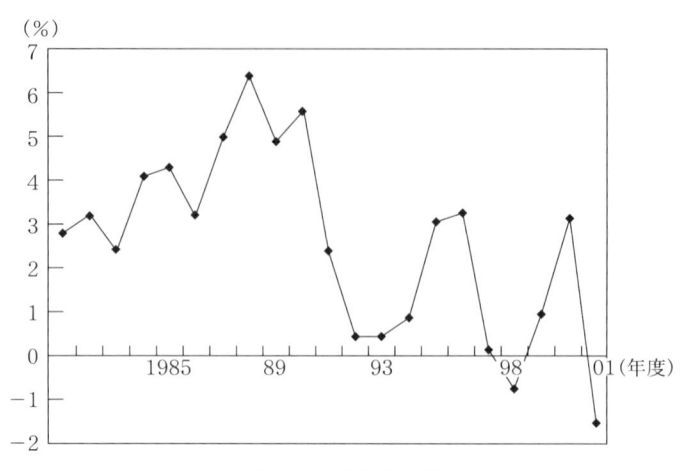

図 5-4　経済成長率

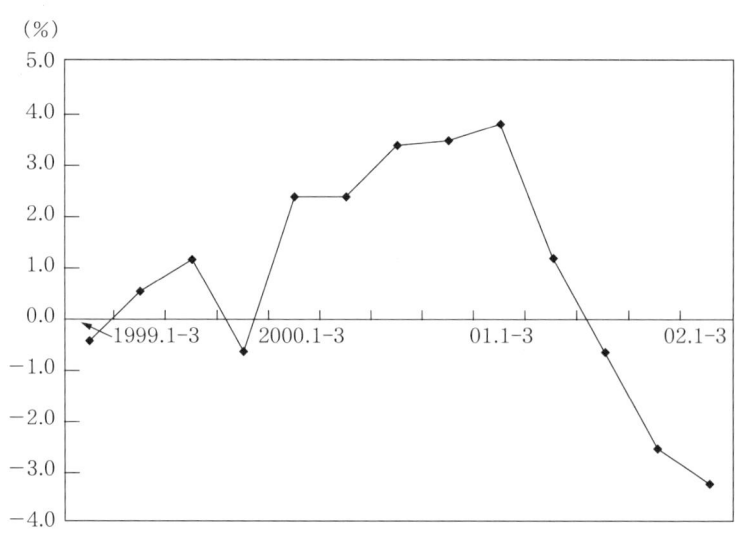

図 5-5　四半期成長率

$$経済成長率 = \frac{今年度実質国内総生産 - 前年度実質国内総生産}{前年度実質国内総生産}$$

表 5-3 の右側に、この成長率が計算されている。また経済成長率をグラフ

で表したものが図 5-4 である。

この図からわかるように 1990 年までは高い成長率を示していた。しかし、バブル崩壊後は低成長に変わり、1998 年度や 2001 年度には経済が収縮するマイナス成長となっている。

これを四半期ごとにとれば、よりいっそう経済の状態を知ることができる。消費税率引き上げの影響もあり、1998 年に落ち込んだ景気であるが、図 5-5 からわかるように 1999 年度 4 四半期から持ち直している。景気回復宣言にもつながった。それから 2001 年第 2 四半期までは、成長率（年率に直したもの）がプラスであった。しかし、2001 年に小泉内閣が誕生してからの構造改革路線により当初景気が落ち込み、2001 年度 3 四半期以降はまた成長率がマイナスに転じた。このように四半期ごとの経済成長率をみると、政策に対応した日本経済の動きを知ることができる。

2 景気動向指数

景気の動向を判断する統計に**景気動向指数**がある。この景気動向指数の動きによって景気のよしあしがわかる。景気動向指数は、景気に先行して動く統計指標（先行系列）、一致して動く統計指標（一致系列）、そして遅れて動く統計指標（遅行系列）に分けてその各統計指標の動きから景気の動きを引き出すものである。これらの各系列は表 5-4 にまとめてある。先行系列 12 種類、一致系列 11 種類、そして遅行系列 8 種類である。景気動向指数はこの各系列ごとに、中に含まれる統計を 3 ヵ月前の値と比較して増加しているか減少しているかを調べる。増加しているときはプラス（+）、減少しているときはマイナス（−）、そして変化していないときはゼロ（0）をつける。

その際、プラスのものには 1 点、マイナスのものには 0 点、ゼロのものには 0.5 点を与える。そして先行、一致、遅行の各系列ごとに次の景気動向指数（Diffusion Index : DI）を計算する。

$$DI = \frac{(\text{プラスの系列の数}) \times 1 + (\text{ゼロの系列の数}) \times 0.5}{\text{系列の総数}} \times 100$$

表5-4 景気動向指数の採用系列

(1) 先行系列

1	最終需要財在庫率指数（逆）
2	鉱工業生産財在庫率指数（逆）
3	新規求人数（除学卒）
4	実質機械受注（船舶・電力を除く民需）
5	新設住宅着工床面積
6	耐久消費財出荷指数
7	消費者態度指数
8	日経商品指数（42種総合）
9	長短金利差
10	東証株価指数
11	投資環境指数（製造業）
12	中小企業業況判断来期見通し（全産業）

(2) 一致系列

1	生産指数（鉱工業）
2	鉱工業生産財出荷指数
3	大口電力使用量
4	稼働率指数（製造業）
5	所定外労働時間指数（製造業）
6	投資財出荷指数（除輸送機械）
7	百貨店販売額
8	商業販売額指数（卸売業）
9	営業利益（全産業）
10	中小企業売上高（製造業）
11	有効求人倍率（除学卒）

(3) 遅行系列

1	最終需要財在庫指数
2	常用雇用指数（製造業）
3	実質法人企業設備投資（全産業）
4	家計消費支出（全国勤労者世帯、名目）
5	法人税収入
6	完全失業率（逆）
7	国内銀行貸出約定平均金利

すべての統計が増加していたら $DI=100$ となり、すべてが減少していれば0となる。この DI が50を上回ったときに、それは景気上昇を意味し、逆に50を下回っているときには景気後退を意味する。

実際に判断するときは、主に先行系列、一致系列の数ヵ月間の DI の数値を観察しながら景気について上昇、下降を論じる。

表5-5が、先行指数、一致指数、遅行指数の2001年以降の実際の値である。経済成長率の動きと同様、2001年には落ち込んでいる。しかし、2002年には指数が50％を超え出し、景気が持ち直してきている。

このように、50％を基準に景気の状態を知ることができるので、総合的な景気判断を行うことができる。その判断の結果が表5-6である。戦後（1951年以降）の日本経済の景気循環がまとめられている。山というのは景

表5-5 景気動向指数の動き

西暦	月	先行指数	一致指数	遅行指数
2001	1	16.7	36.4	42.9
	2	0	13.6	57.1
	3	8.3	9.1	35.7
	4	41.7	18.2	21.4
	5	41.7	27.3	28.6
	6	16.7	18.2	28.6
	7	29.2	0	71.4
	8	25	0	50
	9	20.8	9.1	28.6
	10	8.3	0	28.6
	11	0	9.1	14.3
	12	25	0	14.3
2002	1	66.7	27.3	21.4
	2	58.3	50	14.3
	3	79.2	81.8	28.6
	4	70.8	81.8	57.1
	5	83.3	100	42.9
	6	75	81.8	42.9
	7	75	90.9	42.9
	8	58.3	54.5	42.9
	9	75	90.9	71.4
	10	41.7	90.9	57.1
	11	75	72.7	71.4
	12	66.7	45.5	57.1
2003	1	58.3	100	42.9
	2	58.3	72.7	85.7
	3	25	86.4	42.9
	4	33.3	13.6	78.6
	5	58.3	59.1	28.6
	6	75	63.6	64.3
	7	P 80.0	P 80.0	P 83.3
	8	P 50.0	P 50.0	P 50.0

注：Pは速報値。

第5章　経済活動水準の測定

表5-6 景気基準日付

	谷	山	谷	期間		
				拡張	後退	全循環
第1循環		1951年6月	1951年10月		4ヵ月	
第2循環	1951年10月	1954年1月	1954年11月	27ヵ月	10ヵ月	37ヵ月
第3循環	1954年11月	1957年6月	1958年6月	31ヵ月	12ヵ月	43ヵ月
第4循環	1958年6月	1961年12月	1962年10月	42ヵ月	10ヵ月	52ヵ月
第5循環	1962年10月	1964年10月	1965年10月	24ヵ月	12ヵ月	36ヵ月
第6循環	1965年10月	1970年7月	1971年12月	57ヵ月	17ヵ月	74ヵ月
第7循環	1971年12月	1972年11月	1975年3月	23ヵ月	16ヵ月	39ヵ月
第8循環	1975年3月	1977年1月	1977年10月	22ヵ月	9ヵ月	31ヵ月
第9循環	1977年10月	1980年2月	1983年2月	28ヵ月	36ヵ月	64ヵ月
第10循環	1983年2月	1985年6月	1986年11月	28ヵ月	17ヵ月	45ヵ月
第11循環	1986年11月	1991年2月	1993年10月	51ヵ月	32ヵ月	83ヵ月
第12循環	1993年10月	1997年5月	1999年1月	43ヵ月	20ヵ月	63ヵ月
第13循環	1999年1月	(2001年10月)	(2002年1月)	(21ヵ月)	(15ヵ月)	(36ヵ月)

注：カッコ内は暫定。
出所：内閣府経済社会総合研究所ホームページより作成。

気が上昇したピークをさし、谷というのは景気が下降した底をさす。景気動向指数から判断して 2002 年までに日本経済は 13 回の景気循環を繰り返したことがわかる。

ただし、**景気動向指数**の場合、景気の状態を長さで知ることはできるが、**経済成長率**のように大きさで知ることはできない。したがって、ここでは「景気の状態を測る指標」と題したが、景気の状態を知るには、経済成長率だけ、あるいは景気動向指数だけで判断するのではなく、それらを総合して、また他の統計指標も参考にして判断しなければならない。

注
[1] 名目国内総生産を実質国内総生産で除した値を GDP デフレータという。つまり、
$$\text{GDP デフレータ} = \frac{\text{名目 GDP}}{\text{実質 GDP}}$$
である。物価水準を知ることができる物価指数の 1 つである。

参考文献
酒井博司・永野護『経済指標の読み方・使い方』税務経理協会、1999 年
内閣府経済社会総合研究所編『国民経済計算年報』〔平成 15 年版〕財務省印刷局、2003 年
中村洋一『SNA 統計入門』日本経済新聞社、1999 年
水野勝之『マクロ経済分析入門』創成社、1997 年

第6章

国民所得水準の決定とメカニズム

1 失業の存在を前提とした経済理論

1 完全雇用を前提とした経済理論

経済理論には、失業の存在を前提とした考え方と失業がなく完全雇用を前提とした考え方がある。後者の場合、物価上昇を除いた実質賃金に対して、労働者側は、それが高ければ働こうとするが、低ければ働こうとしないという考え方である（古典派の考え方）。したがって、労働の供給曲線は右上がりとなる。また雇用者側も、実質賃金に対して賃金が高ければ労働者の数（ま

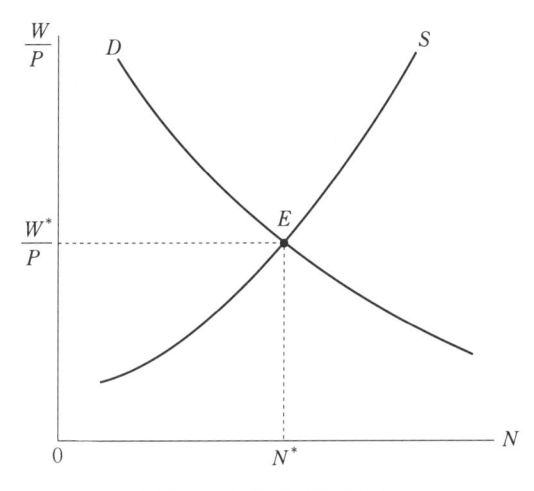

図6-1 古典派の需給均衡

たは労働時間) を減らすし、賃金が低ければ労働者の数 (または労働時間) を増やす。したがって、労働の需要曲線は右下がりとなる。このように他の財と同様、労働も供給曲線は右上がり、需要曲線も右下がりである。

縦軸に実質賃金 $\dfrac{W}{P}$ (W：賃金、P：物価指数)、横軸に雇用量 N をとると、図 6-1 のように労働の需要曲線 D と供給曲線 S とが描かれる。そして両者は点 E で交わっている。このとき、労働量 N^* が均衡の雇用量である。この状態では失業は発生していない。なぜならば、働きたくない人々は賃金が低いために働かず、それは失業といっても自発的な失業とみなすことができるからである。真の意味での失業ではないと解釈される。

2 賃金の硬直性

しかしながら、失業の存在を前提とした考え方はこのようなとらえ方に異議を唱えた。いま述べた理論のどこの部分を問題視したかといえば、労働者は賃金が高ければ労働時間を増やし、賃金が低ければ労働時間を減らすという労働の右上がりの供給曲線についてである。現在はリストラもあり、必ずしも賃金が固定的ではないが、かつては賃金は上がることはあっても下がる

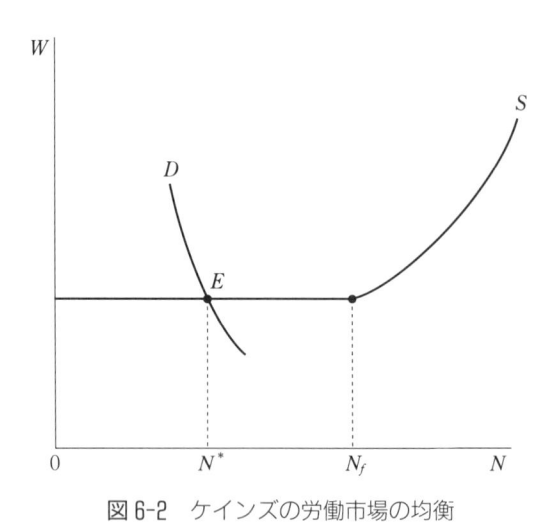

図 6-2 ケインズの労働市場の均衡

ことはほとんどなかった。賃金を下げようと雇用者側がこころみても労働組合の抵抗で賃金を引き下げることは困難であった。したがって、このときの労働の供給曲線は縦軸に賃金をとると図6-2の曲線Sのように左部分で水平となる。労働者側は賃金の引き下げには応じないことが示されている。

ただし、完全雇用水準N_fより右では労働力を生み出すためには賃金を引き上げて労働を創出しなければならないので、右上がりになっている。この労働の供給曲線と需要曲線が点Eで交わっている。ここが均衡点と呼ばれ、現実の雇用量はN^*となる。このとき、完全雇用水準N_fと現実の雇用水準N^*の差が失業にあたる。この部分をケインズは非自発的失業と呼んだ。それ以前の古典派の経済学の考えには、この非自発的失業は存在せず、失業が存在しても、それは希望の職を探している職業移動中の摩擦的失業にすぎないという考えしかなかった。ところが、このように、希望の職につけない非自発的失業が発生しながら経済が均衡してしまうという考え方は、非常に現実的であった。現実の経済には働きたくても働けない失業者が存在するからである。そこで、ケインズが重要だと考えたのが、政府の役割である。経済を自由放任にしておけば失業が発生したままになるので、その失業をできるだけ少なくするように政府は政策を講じなければならない。つまり、図6-2において、労働の需要曲線Dをできるだけ右にシフトさせて非自発的失業$(N_f - N^*)$を減らすような政策を政府はとらなければならない。このような「失業の存在」を前提に以下に述べる**有効需要の原理**と**乗数理論**が展開される。

2 有効需要の原理

1 有効需要

前述のミクロ経済学にて「需要」という言葉を学んだ。需要は、モノやサービスを欲する心理状態を意味し、高価格においては人々の欲する量は少ないが、低価格においては欲する量が多くなる。この心理の状態を表している。

ところがここで題につけた**有効需要**とは、このような心理状態だけを示すのではなく、実際にお金の支払いが伴った需要を示す。国民所得概念における消費支出、投資支出、政府支出などがこれにあたる。それらは実際の支出が伴っている。

外国の存在を考えなければ各有効需要の合計が総需要（有効需要の総計）である。式で書くと、

$$総需要＝消費支出＋投資支出＋政府支出$$

と表される。これが有効需要を表した式である。この総需要が総支出である。消費支出をC、投資支出をI、政府支出をGとすれば、その関係は

$$総需要（総支出）＝C＋I＋G$$

と書くことができる。

2 総供給

前章でも述べたように、総供給（総生産）と総所得（国民所得）の関係について考えてみると、生産額がすべて分配され、経済主体の所得となるので、総供給を表す総生産と、総所得を表す国民所得とは恒等的に等しい。これらを表すのにYという記号を用いれば、

$$Y＝総生産\equiv 国民所得$$

が成り立つ。

この総生産を表す曲線は縦軸に需要、横軸に供給をとれば図6-3のようになる。図中に描かれた45度線上では、ここまで述べた3者、すなわち総供給、国民所得および総需要が等しくなっている。換言すれば、45度線上の点は均衡を表しており、この直線上のいずれかの点に現実経済（経済の均衡）が存在する。

総供給は総需要に等しく決まるのでちょうど図のような45度の線となる。

3 45度線の理論

この点を念頭において、45度線の理論による有効需要の原理の説明に入

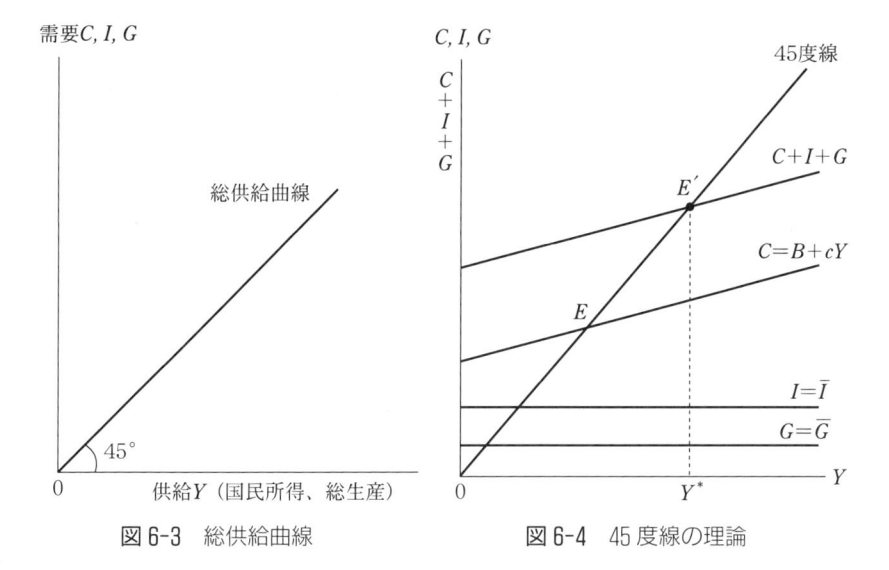

図 6-3　総供給曲線　　　　図 6-4　45 度線の理論

っていこう。

　総需要を構成する消費 C の決定要因を考えよう。ここでは、消費 C が国民所得 Y によって線型式で説明されるとしよう。すなわち、

$$C = B + cY \tag{6-1}$$

が成り立つとする。B は定数項である。この (6-1) 式のように、消費を決定する式を消費関数と呼ぶ。とくに、(6-1) 式は、ケインズの**絶対所得仮説の消費関数**と呼ばれる。次に、総需要を構成するもう1つの要素である投資についても考える。投資は、ここで扱う経済の外から与えられるものとしよう。その値を $\bar{I}$ とおけば、投資関数は $I = \bar{I}$ で示される。また政府支出も政府が決める値なので $\bar{G}$ とおけば、それは $G = \bar{G}$ で表される。

$$\begin{aligned} I &= \bar{I} \\ G &= \bar{G} \end{aligned} \tag{6-2}$$

　以上の準備を終えた後、45 度線の理論による**有効需要の原理**を説明するのに図 6-4 を用意する。図 6-3 と同様、図 6-4 の縦軸には総需要、そして横軸には総供給（総生産）＝国民所得をとる。ここで均衡を知るために必要とな

第 6 章　国民所得水準の決定とメカニズム　109

るのが総需要曲線である。現実の総需要量および総供給量は、45度線と総需要曲線との交点で決定される。

その総需要曲線は次のように求まる。まず、総需要を構成する要素の1つである消費が (6-1) 式で表されるので、それを図6-2の中に描けば、$C = B + cY$ という直線となる。他方、総需要を構成する1つの要素である投資は、(6-2) 式のように体系外から外生的に与えられるので、図中では横軸と平行の $I = \bar{I}$ という直線で描かれる。また政府支出もいま述べたように外生的であるから、やはり横軸と平行な直線で表され、図中の $G = \bar{G}$ で表される。総需要は、この消費、投資、政府支出の合計として表されるから、ちょうどそれは、図中の消費関数 $C = B + cY$ を $\bar{I} + \bar{G}$ 分だけ上方に平行移動した直線で表される。すなわち、図6-4において、$C + I + G$ で示されている直線がここでいう総需要曲線である。

この総需要曲線と、先に述べた45度線が交わる点、すなわち、

　　　　　総供給＝総需要

を表す点 E' で経済が均衡する。これを式で表せば

$$Y = C + I + G \tag{6-3}$$

が成立する。この点 E' において国民所得 Y^* が決定される。このことは、「需要が供給を創出する」というケインズの考え方を表している。なぜならば、45度線は固定されているため、$C + I + G$ で示される総需要曲線の形状および位置いかんで国民所得（総生産）Y が決定されるからである。**有効需要の原理**を表す (6-3) 式を含めて、(6-1)～(6-3) 式によって簡単なケインズ経済モデルが成立する。すなわち、

$$\begin{aligned} Y &= C + I + G \\ C &= B + cY \\ I &= \bar{I} \\ G &= \bar{G} \end{aligned} \tag{6-4}$$

である。この連立方程式を解けば、点 E' における均衡国民所得 Y^* が求まる。それは、

$$Y^* = \frac{1}{1-c}(B + \bar{I} + \bar{G}) \tag{6-5}$$

で表される。この式によれば、均衡国民所得 Y^* が消費関係のパラメータ B および c と、投資 $\bar{I}$、政府支出 $\bar{G}$ とによって決定される。たとえば、$B=300$、$c=0.75$、そして $\bar{I}=100$、$\bar{G}=50$ とすれば、上式により、均衡国民所得 Y^* は、

$$Y^* = \frac{300}{0.25} + \frac{100}{0.25} + \frac{50}{0.25} = 1800$$

と計算される。$B=300$、$c=0.75$ という条件の下では、投資 100、政府支出 50 に対応する均衡国民所得は 1800 となる。

　45 度線の理論の説明に際して、もう 1 つの重要な概念を付加しておく。それは、**インフレ・ギャップ**と**デフレ・ギャップ**の問題である。短期における労働の完全雇用状態の最大の生産規模を完全雇用所得水準と呼び、Y_f で表そう。その完全雇用所得水準 Y_f を 45 度線の図に書き入れたものが図 6-5 である。もし総需要が $(C+I+G)'$ で表されるならば、現実の所得水準は Y_1 に決定される。このときの均衡所得水準 Y_1 は完全雇用水準 Y_f より低くなっている。完全雇用所得水準をもたらす需要 AG と BG との差、つまり

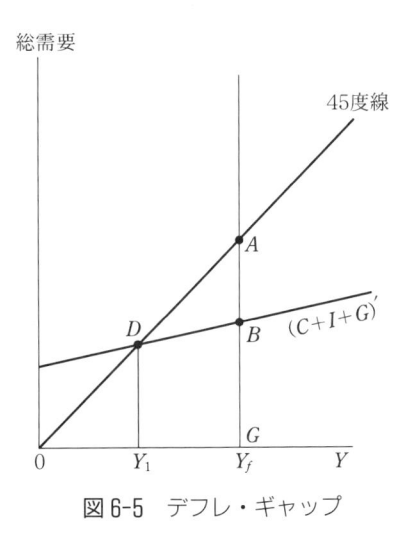

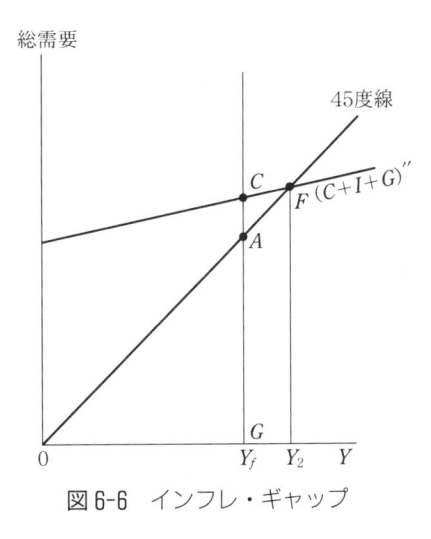

図 6-5　デフレ・ギャップ

図 6-6　インフレ・ギャップ

AB をデフレ・ギャップという。大きなデフレ・ギャップが存在するとき、経済は、需要が足りずに不況状態となっている。

また、図6-6において総需要が $(C+I+G)''$ であるとき、そのときの均衡所得水準 Y_2 は、完全雇用所得水準 Y_f よりも高くなっている。つまり、均衡点が完全雇用点を超えている。このときの所得 Y_2 は名目的にインフレによって押し上げられている。完全雇用所得水準をもたらす需要 AG と比較したとき、Y_f のときの $(C+I+G)''$ の値 CG のほうが高くなっている。このときの CG と AG との差、つまり AC をインフレ・ギャップと呼ぶ。インフレ・ギャップが存在しているとき、経済は、需要超過で、インフレーションの状態にある。ただ、このとき留意しておかなければならないのは、ここでの議論に用いた完全雇用所得水準は、この45度線の理論で決定されるものではなく、デフレーション状態とインフレーション状態の境界を示す形式的な水準にすぎないということである。

3　乗数理論

① 乗数効果

いま、有効需要の原理が明らかになったので、次にケインズの簡単なモデルを用いて乗数理論の説明を行おう。簡単なケインズ所得決定モデルは (6-4) の4本の式から構成されている。その (6-4) 式を解くことにより均衡国民所得が得られたが、国民所得 Y の増加分を ΔY、投資 $\bar{I}$ の増加分を $\Delta \bar{I}$、政府支出 $\bar{G}$ の増加分を $\Delta \bar{G}$ で表せば、先の (6-5) 式より、

$$\Delta Y = \frac{1}{1-c} \Delta \bar{I}$$

$$\Delta Y = \frac{1}{1-c} \Delta \bar{G} \qquad (6\text{-}6)$$

が成立する。(6-5) 式と比べたとき、(6-6) 式には B が含まれない。消費関数 (6-1) のパラメータについては、

$$\frac{dC}{dY} = c$$

が成立しているので、c を**限界消費性向**と呼ぶ。これは、所得が増加したとき、そのうちどれだけが消費に振り向けられるかその割合を意味している。このパラメータについては、$0 \leq c \leq 1$ が仮定されているから、(6-6) 式の右辺の係数は正である。このとき、(6-6) 式の係数 $\frac{1}{1-c}$ は、乗数 (multi-plier) と呼ばれる。この乗数を用いて (6-6) 式を解釈すれば、投資を $\varDelta \bar{I}$ だけ増加させたとき、国民所得はその乗数倍だけ増加するということになる。また政府支出を $\varDelta \bar{G}$ だけ増加させれば、その乗数倍だけ国民所得が増加する。**乗数**の分母の $1-c$ は限界貯蓄性向（所得が増えたらそのどれだけが貯蓄に振り向けられるかの割合）を意味するので、投資の増加、政府支出の増加は、限界貯蓄性向の逆数倍だけ国民所得を増加させるということもできる。

前述の例で、政府支出を 100 から 150 に、50 だけ増加させたとき、乗数は

$$\frac{1}{1-c} = \frac{1}{1-0.75} = 4$$

であるから、国民所得 Y の増加分 $\varDelta Y$ は、

$$\varDelta Y = 4 \times 50 = 200$$

となる。つまり、政府支出を 100 から 50 だけ増加させれば、国民所得は 1800 から 2000 へ、200 も増加する。これが乗数効果である。

いま、ケインズの簡単な所得決定モデルから導出した式を使って乗数理論を説明したが、次に、なぜ政府支出を増加させれば乗数倍だけ国民所得が増加するのかを、先の 45 度線の図を用いて明らかにしよう。図によって乗数効果のプロセスを示したのが図 6-7 である。はじめに、総需要曲線が図中の $C+I+G$ の位置にあるとしよう。このときの均衡点は a_1 に位置し、そのときの国民所得は Y_1 である。この状態の下で、政府支出を $\varDelta \bar{G}$ だけ増加させたとしよう。そうすれば、その効果は次のようなプロセスを経る。

$a_1 \to a_2$：政府支出の増加分 $\varDelta \bar{G}$ だけの需要が発生したので、まず a_1 から a_2 に移動する。つまり、$\overline{a_1 a_2}$ の大きさは $\varDelta \bar{G}$ である。

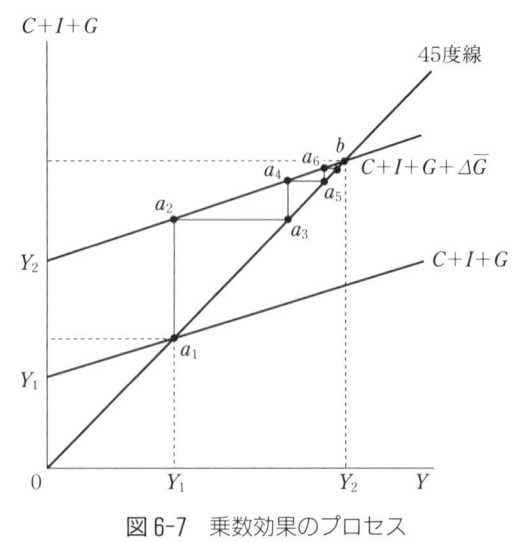

図6-7　乗数効果のプロセス

$a_2 \rightarrow a_3$：次に、$C+I+G+\varDelta \overline{G}$ の需要に応じた生産が必要となるため、次に a_2 から a_3 に移動する。$\overline{a_2 a_3}$ の大きさも $\varDelta \overline{G}$ である。

$a_3 \rightarrow a_4$：生産つまり国民所得が増加すれば、それに応じて消費が増加する。消費関数（6-1）式より $\varDelta C = c \varDelta Y$ という関係があるが、これは所得の増加分の c 倍だけの消費が増加することを意味する。前の段階で、国民所得がちょうど $\varDelta \overline{G}$ だけ増加したので、それによる消費の増加、すなわち需要の増加は $c \varDelta \overline{G}$ である。つまり、$\overline{a_3 a_4}$ の大きさは $c \varDelta \overline{G}$ である。

$a_4 \rightarrow a_5$：a_3 から a_4 への移動があれば、その需要増に見合った生産増が生じる。すなわち、$\overline{a_4 a_5}$ の大きさは、$\overline{a_3 a_4}$ の大きさに等しく、$c \varDelta \overline{G}$ である。

$a_5 \rightarrow a_6$：$\overline{a_4 a_5}$ の c 倍の需要の増加が生じる。$\overline{a_4 a_5}$ の大きさが $c \varDelta \overline{G}$ であるから、$\overline{a_5 a_6}$ の大きさは $c^2 \varDelta \overline{G}$ である。

以降、点 b に至るまでこうしたプロセスが続き、そして点 b において新たな均衡が成立する。点 a から点 b まで至り、結局、国民所得は Y_1 から

Y_2 まで増加した。この Y_1 から Y_2 までの所得の増加分を ΔY とすれば、この ΔY ははじめの政府支出増 $\Delta \overline{G}$ によって引き起こされたものである。上のプロセスをたどれば、国民所得 ΔY は次のように表される。

$$\Delta Y = \overline{a_1 a_2} + \overline{a_3 a_4} + \overline{a_5 a_6} + \cdots$$

あるいは、

$$\Delta Y = \overline{a_2 a_3} + \overline{a_4 a_5} + \overline{a_6 a_7} + \cdots$$

である。いずれにせよ、これは

$$\Delta Y = \Delta \overline{G} + c\Delta \overline{G} + c^2 \Delta \overline{G} + c^3 \Delta \overline{G} + \cdots$$

で表される。したがって、国民所得の増加分 ΔY は、

$$\Delta Y = (I + c + c^2 + c^3 + \cdots) \Delta \overline{G}$$

$$= \frac{1}{1-c} \Delta \overline{G}$$

となる。この式が ΔI による国民所得への**乗数効果**であり、前述した (6-6) 式と一致している。以上が、図を用いて行った乗数効果の説明である。

2 租税を考えたときの乗数理論

次に、政府の租税も考慮したときの乗数理論を考えてみよう。政府の財政支出だけでなく、政府の収入である税収も考慮に入れる。政府の税収を T とおけば、**可処分所得** Y_d が次のように定義される。

$$Y_d = Y - T \tag{6-7}$$

可処分所得は、国民所得から政府の税額を差し引いた、国民が自由に処分できる所得と定義されている。

このことを考慮に入れれば、(6-4) 式で表されたケインズ・モデルは改められなければならない。政府の存在を考慮したとき、ケインズ経済モデルは次のようになる。

$$Y = C + I + G$$
$$C = B + cY_d$$

$$Y_d = Y - T$$
$$I = \bar{I}$$
$$G = \bar{G}$$
$$T = \bar{T}$$
(6-8)

　この式と先の (6-4) 式とを比較したとき、次の2点が異なっている。第1に、税収 T および可処分所得 Y_d といった2つの新しい変数が加わることから、連立方程式が、(6-8) では6本の方程式から構成されているということである。第2に、(6-4) 式では国民所得を説明変数としていた消費関数が、このモデルでは説明変数として可処分所得を用いているということである。

　6本の方程式で構成された (6-8) 式のモデルを解いて各変数の乗数効果を調べると次のようになる。すなわち、

$$\Delta Y = \frac{1}{1-c} \Delta \bar{I}$$

$$\Delta Y = \frac{1}{1-c} \Delta \bar{G} \qquad (6\text{-}9)$$

$$\Delta Y = -\frac{c}{1-c} \Delta \bar{T}$$

となる。(6-9) 式の一番上の式は投資増加がもたらす国民所得への効果、第2番目の式は政府の財政支出の増加がもたらす国民所得への効果、そして最後の式は税金の増加（あるいは減少）がもたらす国民所得への効果を表している。それぞれの乗数は、$\frac{1}{1-c}$、$\frac{1}{1-c}$ および $-\frac{c}{1-c}$ となっている。ところで最後の式の租税の効果を表す乗数がマイナスになっている。これは、増税が国民所得を減少させ、逆に減税が国民所得を増加させることを意味する。

　(6-9) 式の財政支出の乗数 $\frac{1}{1-c}$ と租税の乗数 $-\frac{c}{1-c}$ を比較してみよう。租税については減税の効果を考えて乗数のマイナスを除けば、

$$\frac{1}{1-c} > \frac{c}{1-c}$$

という関係が成立している。これは、財政支出の効果のほうが減税の効果よ

りも大きいことを意味する。前述の例を用いていえば、$B=300$、$c=0.75$ という条件の下で財政支出を 50 だけ増加させたときの国民所得の増加 ΔY は、

$$\Delta Y = \frac{1}{1-0.75} \times 50 = 200$$

であるのに対して、減税を 50 だけ行ったときの国民所得の増加分は、

$$\Delta Y = \frac{-0.75}{1-0.75} \times (-50) = 150$$

にすぎない。このことから、ケインズ理論においては、短期的には、景気浮揚のためには、減税政策よりも財政政策のほうが有効であるといえよう。このように、政府の存在をモデルに組み入れることにより、乗数理論によって減税政策と財政政策の効果を比較・検討することができる。ただし、ここで注意すべきことは、減税よりも財政支出増の効果が大きいという結論はあくまでも短期においていえることであり、これが必ずしも長期にあてはまるとは限らないということである。なぜならば、減税は企業の設備投資を促進するため、その結果として長期的には資本設備が充実し、経済に好影響をもたらす可能性があるからである。

参考文献
稲葉敏夫・水野勝之『計量経済分析入門』泉文堂、1990 年
水野勝之『入門編テキスト経済数学』中央経済社、2000 年
水野勝之『マクロ経済分析入門』創成社、1997 年

第7章

財貨市場と貨幣市場の結合

1 貨幣とは

　前章では、財貨市場において国民所得がどのように決定されるかをみてきた。本章では、財貨市場に加えて貨幣市場をとりあげ、両市場を同時に考察することにより、より現実的な分析を行うことにしたい。

　貨幣市場について考えるにあたり、まず貨幣について説明しておきたい。貨幣の特徴は流動性の高さにあるといわれる。つまり、他の資産に変えることがきわめて容易であるという性質を持っているのである。

　ところで貨幣といった場合、日本銀行が発行する紙幣と政府が発行する硬貨以外にも流動性の高いものが存在する。たとえば当座預金や普通預金は、小切手やキャッシュカードを通じてすぐに現金化することが可能であるため、紙幣や硬貨といった現金通貨に次いで高い流動性を持つといえる。

　そこで、こうした預金を「預金通貨」と呼んで、貨幣に含めて考えるのである。そして現金通貨と預金通貨の合計をＭ１（エムワンと読む）と称している。

　さらに経済を見渡してみると、貨幣の範囲はさらに広がることに気づく。表7-1をみてほしい。これは、日本銀行が2003年3月末現在として貨幣残高の内訳を発表したものである。

　この表をみてもわかるように、先に述べたＭ１に加えて貨幣の範囲はさらに広がっている。表7-1の④にある「準通貨」とは、全国の銀行、信用金庫、

表7-1　貨幣のいろいろ

（単位：億円）

①現金通貨	676,946
②預金通貨	2,820,340
③M１（①＋②）	3,497,286
④準通貨	3,156,266
⑤M２（③＋④）	6,647,552
⑥譲渡性預金	172,210
⑦M２＋ＣＤ	6,819,762
⑧郵貯・信託	4,537,235
⑨M３（⑤＋⑧）	11,184,787
⑩M３＋ＣＤ	11,356,997

出所：日本銀行時系列データベース
(http://www.boj.or.jp/stat/stat_f.htm)

農林中金、商工中金などの定期性預金をさし、M１との合計をM２（エムツウと読む）と称している。また、表7-1の⑥にある「譲渡性預金」とはCD（Certificate of Deposits）とも呼ばれ、契約期間中に譲渡し名義を書き換えることが可能な定期性預金のことである。

　通貨の供給量を**マネーサプライ**というが、わが国では通常M２とCDを合計したものをさすことが多い。表7-1の⑧にある「郵貯・信託」は、郵便貯金や信託、農協、漁協、信用組合などの預金をさすが、これらは日本銀行の直接的な管理下に入っていないので、マネーサプライから除かれることが多いのである。

　マネーサプライとしてM２に加えて「郵貯・信託」もあわせたM３（エムスリーと読む）を考えるべきか、はたまたCDもあわせたM３＋CDを考えるべきか議論のあるところであるが、いずれにせよ、各国の中央銀行が直接コントロールできる貨幣量のことをハイパワード・マネー（high-powered money）あるいはマネタリー・ベース（monetary base）と呼んでいる。これは当局が発行する現金通貨と民間の銀行が中央銀行に預ける預け金との合計をさす。

2 貨幣市場

さて貨幣市場とは、人々が貨幣と貨幣以外の資産（社債、国債、株式、住宅、土地など）を交換するところであるが、議論を単純にするために貨幣と交換される資産は1種類のみであり、それを債券と呼ぶことにする。

こうすることにより社会全体の資産の実質的価値は、貨幣の実質的価値と債券発行残高の合計として表される。社会全体の資産合計を W とすれば、その実質的価値は物価水準で割り引いた（W/P）であり、貨幣については市場に流通している現金と民間金融機関に預けられている預金の合計を M（マネーサプライと呼ばれる）とすれば、物価水準で割った（M/P）（実質マネーサプライと呼ばれる）がその実質的価値である。

そこで、債券の発行残高を B^s とすれば、

$$\frac{W}{P} = \frac{M}{P} + B^s \tag{7-1}$$

と書けることになる。これに対して貨幣に対する需要を L、債券に対する需要を B とすると、これらの需要の合計が供給としての資産の実質価値に等しいとき

$$L + B = \frac{M}{P} + B^s \tag{7-2}$$

が成立する。上式を変形して

$$\left(L - \frac{M}{P}\right) + (B - B^s) = 0 \tag{7-3}$$

としてみればわかるように、貨幣市場における超過需要は、債券市場における同額の超過供給を意味する。これは**ワルラスの法則**と呼ばれるが、この法則により資産市場全体を分析する代わりに貨幣市場だけを分析すればよいということになる。

さて、貨幣市場における供給は実質マネーサプライ（M/P）としてとら

えることができるが、需要 L については、取引需要 L_1 と資産需要 L_2 に分類される。

取引需要とは、日常の取引において必要とされる貨幣に対する需要であり、これは国民所得 Y に比例すると考えられる。この関係は図 7-1 に描かれている。

資産需要とは、富を貯蔵する手段としての貨幣に対する需要である。いま貨幣以外の資産は債券のみであると考えているので、債券価格が高いときにはもうこれ以上値上がりする可能性は少なく、むしろ値下がりする可能性が高いという意味で貨幣に対する需要は増えることになり、逆に債券価格が低いときには貨幣需要は減ることになる。

ところで、債券とは現金の貸し借りの一手段であって、債券を売る（発行する）側は現金を借りていることになり、将来それを増やして返済する義務を負う。どのくらい増やして返すかという割合が利子率であり、

$$利子率 = \frac{返済金額 - 借りた金額}{借りた金額}$$

という関係にある。しかし、借りた金額は債券を売るときに受け取ったお金であるので、これが債券の価格に相当する。したがって、

$$利子率 = \frac{返済金額 - 債券価格}{債券価格} \tag{7-4}$$

という関係が成立する。

このことからわかるように、債券価格が高いときには利子率は低く、逆に債券価格が低いときには利子率は高くなる。そこで、資産需要 L_2 は利子率 r との間に図 7-2 のような関係があることになる。

図 7-2 において、利子率が低いところでは曲線が横軸と平行になっているが、これはすべての人々が利子率は下限に達していると信じている状況であり、**流動性のわな**と呼ばれている。

以上により、貨幣需要 L は

$$L = L_1(Y) + L_2(r) \tag{7-5}$$

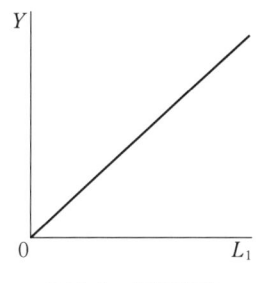

図 7-1　取引需要

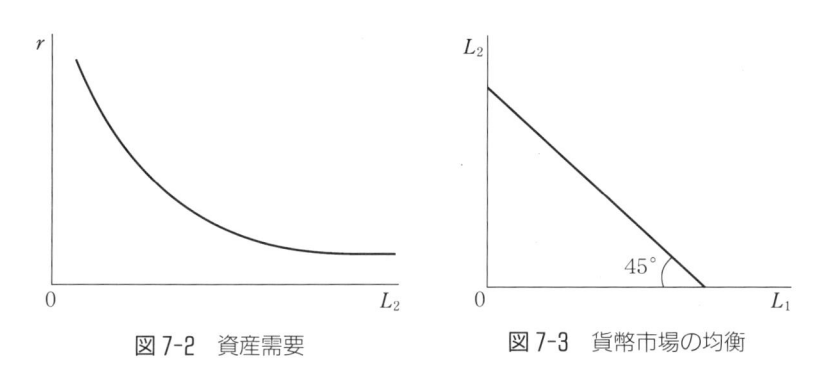

図 7-2　資産需要

図 7-3　貨幣市場の均衡

と書くことができる。ゆえに、貨幣市場の均衡は

$$\frac{M}{P} = L_1(Y) + L_2(r) \tag{7-6}$$

となり、図 7-3 のように表すことができる。

　以上の 3 つの図 7-1〜図 7-3 をまとめてみると、図 7-4 のようになる。

　図 7-4 において、国民所得が Y_0 のとき利子率は r_0 であり、国民所得が Y_1 のとき利子率は r_1 になるといった具合に、国民所得と利子率の関係を第 1 象限に導くことができる。

　このように貨幣市場が均衡しているときの国民所得と利子率の関係を示す曲線を *LM* 曲線という。図 7-4 において *LM* 曲線上から外れた点 A では貨幣市場が均衡していないことになるが、いま点 B における貨幣需要は

$$L_B = L_1(Y_1) + L_2(r_1)$$

第 7 章　財貨市場と貨幣市場の結合

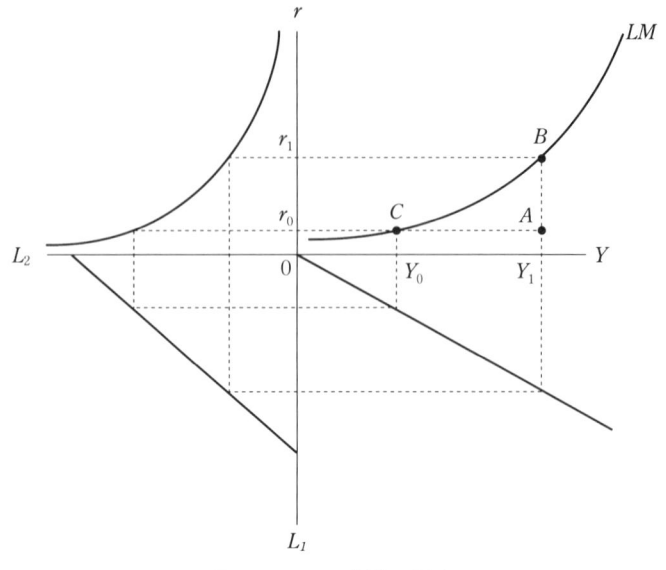

図7-4　*LM*曲線の導出

であり、点 A における貨幣需要は
$$L_A = L_1(Y_1) + L_2(r_0)$$
である。図7-4からわかるように、$L_2(r_1) < L_2(r_0)$ であるので、$L_B < L_A$ であることがわかる。つまり、LM 曲線より下方では、貨幣市場において超過需要が発生しているのである。逆に LM 曲線より上方では超過供給が発生していることが同様にして確かめられる。

3　財貨市場

それでは次に財貨市場の均衡について考えてみたい。財貨市場において総需要は第6章では $C+I+G$ であると説明された。いま政府支出 G を政府消費支出と政府投資支出に分けて考えると、結局総需要は消費 C と投資 I の合計と表される。他方、総供給 Y については、消費されない分を貯蓄 S

と書くことにすれば、消費 C と貯蓄 S の合計と表される。したがって財貨市場で需要と供給が一致しているとき、

$$I = S \tag{7-7}$$

が成立する。このことは、図7-5のように描くことができる。

投資については利子率というよりもむしろ実質利子率に依存して決まると考えられる。**実質利子率**（i）とは、利子率（r）から期待インフレ率（π^e）を引いたものであり、

$$i = r - \pi^e \tag{7-8}$$

という関係が成立する。投資を行うにあたっては利子率は費用に当たるので、できるだけ低いほうが望ましいのに対し、将来予想されるインフレ率は投資による収益に当たるのでできるだけ高いほうが望ましい。したがって、実質利子率が低くなればなるほど投資は活発になると考えられるので、投資と実質利子率との関係は図7-6のようになる。なお、これまで利子率と呼んできた r は、実質利子率 i と区別する意味で、**名目利子率**と呼ばれることもある。

また、貯蓄については国民所得に比例すると考えられるので、図7-7のような関係を描くことができる。この図において直線が原点からずれているのは、所得がゼロのとき貯蓄を取り崩さざるをえないという状況を示している。

以上の3つの図7-5～図7-7をまとめてみると、図7-8を得る。

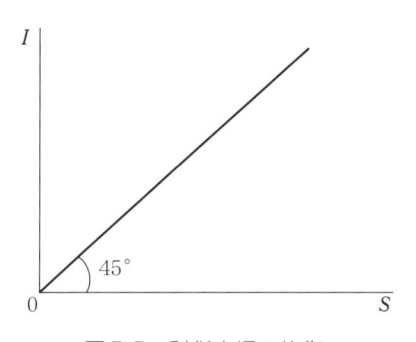

図7-5 財貨市場の均衡

図 7-6　投資関数

図 7-7　貯蓄関数

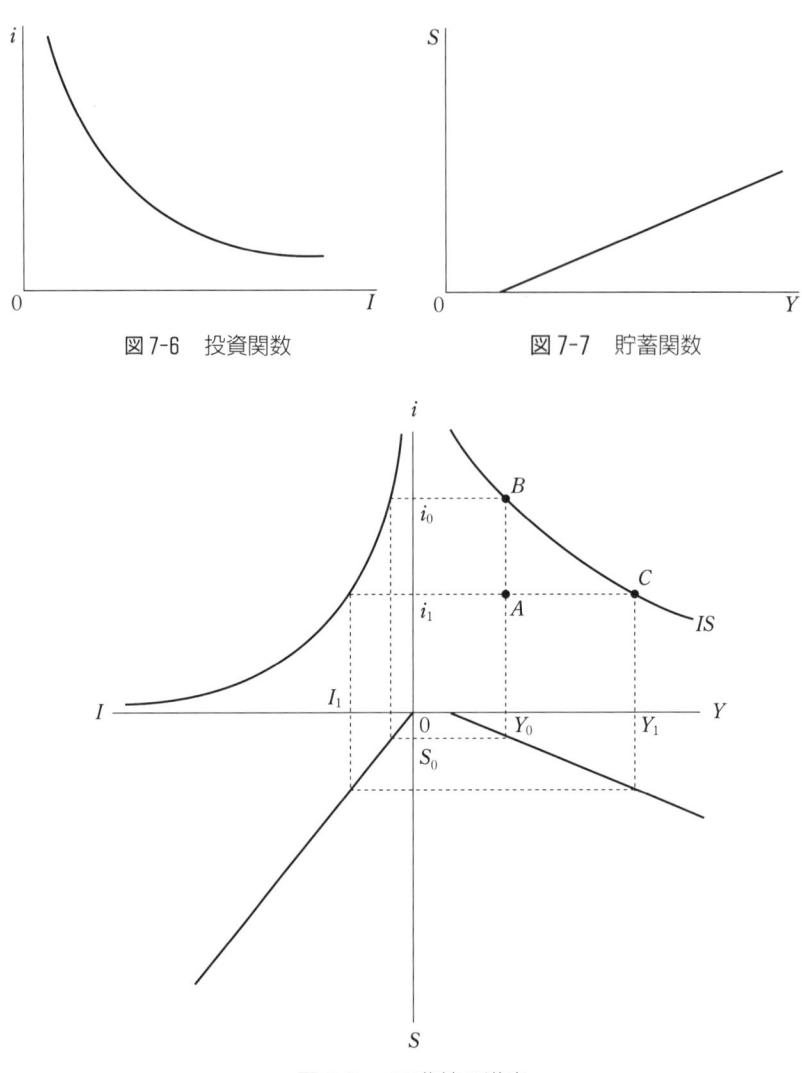

図 7-8　IS 曲線の導出

　図 7-4 と同様にして、国民所得が Y_0 のとき実質利子率は i_0 であり、Y_1 には i_1 が対応することがわかるので、財貨市場が均衡しているとき、国民所得と実質利子率との間には図 7-8 の第 1 象限にみられるように、右下がりの

関係が得られる。この曲線を *IS 曲線*という。

IS 曲線上からはずれた点においては財貨市場が均衡していないのであって、たとえば図 7-8 の点 A に対応する貯蓄は S_0 であり、投資は I_1 であるので、超過需要が発生していることがわかる。同様にして、IS 曲線の上方においては超過供給が発生していることが確かめられる。

4　IS・LM 分析

こうして IS 曲線と LM 曲線が導出されたが、両者の間には利子率について微妙な差異がある。IS 曲線は実質利子率を問題にしているのに対し、LM 曲線は名目利子率を問題にしているのである。ここでは、話を単純にするために期待インフレ率はゼロであるとしよう。このとき、IS 曲線と LM 曲線は利子率と国民所得との関係を示すものとして図 7-4 の第 1 象限と図 7-8 の第 1 象限を重ね合わせることができる。こうして得られる図 7-9 を元にして経済を分析する手法を *IS・LM 分析*と呼んでいる。

本章では分析例として財政・金融政策の効果を説明するが、その前に労働市場との関係についてひとこと触れておきたい。

これまでの導出過程から明らかなように、IS 曲線と LM 曲線は労働市場の需要や供給を問題にしていない。そこで、IS 曲線と LM 曲線の交点においては、財貨市場と貨幣市場は均衡しているものの、労働市場については不明である。

労働市場を考慮するための方法として、完全雇用の下での国民所得 Y_f を図 7-9 に書き入れることによって得られる図 7-10 を考える。

図 7-10 においては、財貨市場と貨幣市場の同時均衡が労働市場をも均衡させるものではなく、労働市場を均衡させるためには国民所得が不足していることがわかる。この不足を埋めるにはどのような財政・金融政策が有効であるかといった観点から IS・LM 分析を行うことができるが、説明上まず海外を無視して一通り解説し、そのあとで海外を考慮に入れることにする。

第 7 章　財貨市場と貨幣市場の結合　127

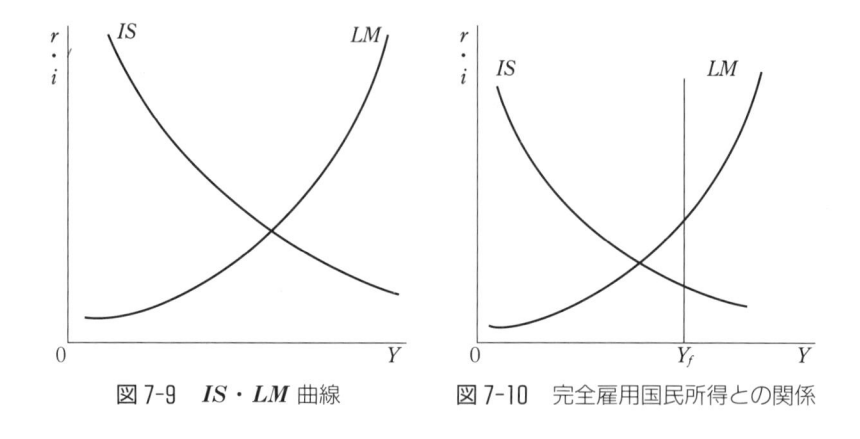

図 7-9　IS・LM 曲線　　　　　図 7-10　完全雇用国民所得との関係

　まず、金融政策から考えよう。マネーサプライを増加させるという拡張的金融政策をとった場合、従来の LM 曲線上では

$$\frac{M}{P} > L_1(Y) + L_2(r)$$

となるので、貨幣市場において超過供給が発生していることになる。これは、図 7-11 において考えれば、従来の LM 曲線上の点は、新しい LM 曲線（$L'M'$）の上側に位置していることを意味する。つまり、LM 曲線は下方へシフトするのである。その結果図 7-11 のように財貨市場、貨幣市場、労働市場がすべて同時に均衡することになる。

　次に財政政策を考えよう。公共投資や減税といった拡張的な財政政策がとられた場合、公共投資は投資需要を創出し、また減税は可処分所得（税引き後の所得）の増大を通じて消費需要を創出し、いずれにしても財貨市場における均衡国民所得を増大させる。なぜなら、財貨市場を均衡させる国民所得は総需要の大きさに応じて決定されるからである（有効需要の原理）。このことを図 7-12 において考えれば、IS 曲線が右方へシフトすることを意味するので、経済は当初の均衡点 A から点 C へと移動することになる。

　しかし、点 C は LM 曲線より下側にあるので、貨幣市場においては超過需要が発生していることになる。このことは、貨幣を借りたがっている人が

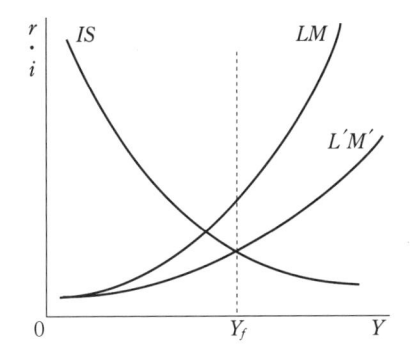

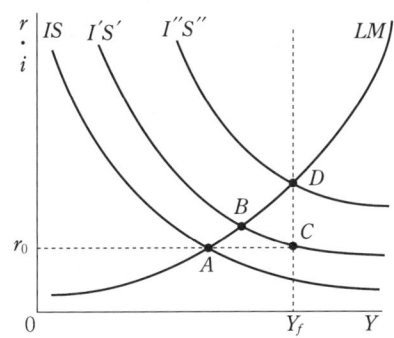

図 7-11　金融政策による LM 曲線のシフト

図 7-12　財政政策による IS 曲線のシフト

多いことを意味するので、借りる際の価格に当たる利子率は上昇し、結局経済は図 7-12 の点 B で均衡することになる。

　このように拡張的な財政政策においては、需要が創出されてもその一部分は利子率の上昇により減殺されてしまう（これを**クラウディングアウト**という）。したがって、財政政策によって完全雇用を達成しようとするならば、クラウディングアウトを考慮して、より多くの需要を創出し、IS 曲線を $I''S''$ までシフトさせなければならないことがわかる。

5　国際経済

　それでは次に海外を考慮に入れることにしよう。海外を考慮に入れると分析は複雑になるが、それは通貨が異なり、しかも物価が異なるという状況の下で経済取引が行われるからである。

　通貨が異なるために、通貨の交換比率を決める必要が出てくるが、この交換比率のことを**為替レート**と呼ぶ。本書では為替レートを外国通貨 1 単位当たりの自国通貨として測定する。自国通貨を円、外国通貨をドルとすれば、為替レートの減少（1 ドル＝200 円から 1 ドル＝100 円）が円の価値の増大（円高）を意味することに注意しよう。

歴史的にみると、この為替レートは大別して固定為替相場制か変動為替相場制によって決められてきた。**固定為替相場制**とは、事前の話し合いにより各国通貨間の為替レートを固定する制度である。

わが国においては、1949年に1ドル＝360円と為替レートが固定された。その後日本企業はアメリカへ大量に輸出を行い、その結果大量のドルを受け取り、それを取引銀行で円に交換し、この銀行は中央銀行（日銀）にそのドルを売って円を受け取るという形で日銀に大量のドルが累積した。当初アメリカはこのドルを金と交換すると約束していた（金・ドル本位制）が、日本をはじめ外国からの金交換の要求が増大すると、これにすべて応えることは困難になってきて、1971年にドルと金との交換を停止した。そこで日本は1973年に固定為替相場制を放棄することになる。

このことからわかるように、固定為替相場制の下では、為替レートを維持するために中央銀行はいつでも要求に応じて外国通貨を売買しなければならないが、輸出入が自由に行われているもとでは、中央銀行（日銀）は一方的に外貨（ドル）を買わなければならない事態に陥ることがあり、それを長く続けることには限界があるということである。

1973年より日本は変動為替相場制に移行した。**変動為替相場制**とは、為替レートを外国為替市場の需要と供給のバランスによって決定する制度である。ある業者Ａが別の業者Ｂと取引する場合、その資金決済は直接現金を受け渡しする代わりに、手形や小切手を用いることが通例である。こうした決済の仕組みは、ＡとＢが同一国内にいれば内国為替、ＡとＢが異なる国にいれば外国為替と呼ばれる。外国為替の場合には、必ず自国通貨と外国通貨の交換が生じるわけで、そこでの需要と供給のバランスによって為替レートを自由に変動させようというわけである。

円の為替レートは、1973年の変動為替相場制移行以後、円高つまり1ドルと交換できる円の金額が360円よりも少なくなっていったが、とくに1985年から1987年にかけては1ドル＝240円から130円になるなど、急激な変動をみせるようになった。こうしたことで、変動為替相場制は、企業の

経済活動にとって不確実な不安材料となり、時にマクロ経済に悪影響を及ぼすことが明らかとなった。現在、日本やアメリカなど変動為替相場制を採用している国が存在している一方で、ヨーロッパの単一通貨制度に見られるように、固定為替相場制の考えを踏襲している国も少なくない。つまり、どちらの制度がよいかは一概にはいえないのである。

さて、海外を考慮するうえでは、物価の相違も無視できない。国内に入ってくる輸入品の価格は、外国の物価に為替レートを掛けたものになっているからである。そこで、こうした輸入価格と国内価格との比率を実質為替レートと呼んで、これまで説明してきた為替レート（これを名目為替レートと呼ぶこともある）とは区別して考える。すなわち実質為替レートは

$$\text{実質為替レート} = \frac{\text{名目為替レート} \times \text{外国物価}}{\text{国内物価}} \tag{7-9}$$

として定義される。これは、自国と外国の間の価格競争力を現しているとも考えられるため、**交易条件** (terms of trade) とも呼ばれている。

名目為替レートが上昇すればするほど（1ドル＝100円から1ドル＝200円といった円安になればなるほど）、また外国物価が国内物価に比べて上昇すればするほど、外国製品の価格は国内製品の価格に比べて高くなるので、自国からの輸出は増加し、輸入は減少すると考えられる。したがって、実質為替レートが上昇すればするほど、純輸出（輸出と輸入の差額）は増加することがわかる。

物価がどのようにして決定されるかについては次章で説明するので、ここでは実質為替レートがどのように決定されるかをみておくことにしよう。

国民所得 Y は、生産面および支出面からとらえると

$$Y = C + S + T \quad \text{(生産面)} \tag{7-10}$$

$$Y = C + I + G + NX \quad \text{(支出面)} \tag{7-11}$$

と書くことができる。ただし、C は民間消費、S は民間貯蓄、T は租税、I は民間投資、G は政府支出、NX は純輸出である。

上の2式の右辺を等しいとおいて整理すると

$$(S - I) = (G - T) + NX \tag{7-12}$$

という関係が得られるが、これは

　　　　　民間貯蓄超過＝財政赤字＋貿易黒字

を意味している。さらに上式を変形すると、

$$(S+T)-(I+G)=NX \tag{7-13}$$

となるが、左辺は国内全体の貯蓄超過を表しており、輸出企業が受け取ったドルはドル建ての債券購入などにあてられるという流れを示している。

　国内全体の投資・貯蓄バランスを資本収支と呼び、貿易収支を含めた海外との財・サービスの取引における収支を経常収支と呼ぶので、(7-13) 式は

　　　　　資本収支赤字＝経常収支黒字

と読みかえることができる。

　ところで、(7-9) 式に対する説明のところで述べたように、純輸出は実質為替レートとともに増加する傾向があったので、図 7-13 のような関係を描くことができる。

　ここで、議論を単純にするために、「小国」のケースについて考えよう。小国とは、世界全体の中で占める割合が非常に小さく、自国のマクロ経済の変化が世界経済になんら影響を及ぼさないような国のことである。この場合、自国の利子率は外国の市場で決定されることになることに注意しよう。というのは、自国の利子率が海外の利子率より高ければ、自国の債券に対する海外からの需要が増え、債券価格は上昇し、(7-4) 式に従って利子率は下落することになるからである。

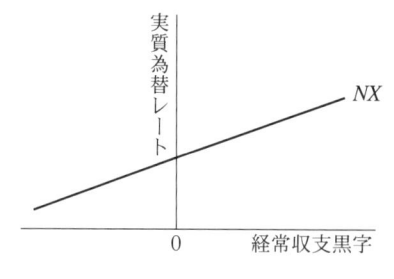

図 7-13　純輸出と実質為替レートとの関係

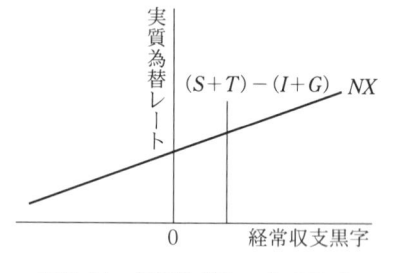

図 7-14　実質為替レートの決定

そこで小国においては、国内民間投資 I は海外の利子率 i_w に依存して決定されることになり、資本収支を決めるその他の要因（(7-13) 式における S と T と G）が実質為替レートとは無関係に与えられている下では、資本収支を図 7-13 に書き加えることにより、図 7-14 を得ることができる。

この図 7-14 における 2 直線の交点において、実質為替レートは決定されることになる。このことは、変動為替相場制においても、経常収支を均衡させる水準で実質為替レートが決定されるのではなく、国内財貨市場を均衡させるように実質為替レートが決定されるということを示している。

6　国際版 IS・LM 分析

それでは以上の準備の下に、海外を考慮に入れた場合の IS・LM 分析を学ぶことにしよう。まず、海外を考慮に入れると、IS 曲線と LM 曲線がどのように変わるかを考えよう。

IS 曲線は財貨市場の均衡を示すものであったが、海外を考慮することで、財貨市場における総需要が $C+I+G+NX$ のように純輸出分だけ増えることになる。(7-9) 式で学んだように、純輸出は名目為替レートが上昇すればするほど、また国内と比べて外国の物価が上昇すればするほど増大する。さらに、国民所得が増大すればするほど海外の財・サービスに対する需要も増えると考えられるので、輸入が増えひいては純輸出を減少させることになる。このように、純輸出に関する考察が加わることが国際版 IS 曲線のポイントである。

一方 LM 曲線は貨幣市場の均衡を示すものであったが、固定為替相場制と変動為替相場制の下では区別をする必要が出てくる。まず固定為替相場制の下では、中央銀行は固定相場を維持するために、持ち込まれた外貨をすべて自国通貨に交換する義務を負っている。ところが中央銀行が外貨を購入して自国通貨を売るということは、結果としてマネーサプライが増えてしまうことを意味する。ゆえに中央銀行は自由にマネーサプライをコントロールす

ることが困難になるのである。

　他方変動為替相場制の場合には、中央銀行は持ち込まれた外貨を自国通貨と交換する義務を負わない。名目為替レートの自由な変動が許されているので、外貨と自国通貨との交換はもっぱら市場に任せておけばよく、中央銀行は基本的にマネーサプライをコントロールすることができるのである。このように、マネーサプライを自由にコントロールすることができるかどうかという点が、国際版 LM 曲線のポイントである。

　以下では、これまでと同様、「小国」のケースを考える。海外を考慮するうえでは物価も重要な役割を果たすが、説明の順序として、まず物価を固定しておいて固定為替相場制の下での $IS・LM$ 分析の枠組みを概観し、財政・金融政策の効果を論じたうえで、物価が変動する場合について考える。そして、変動為替相場制の下での $IS・LM$ 分析についても同様の手順で説明を行う。

　さて、固定為替相場制の下で自国（小国）の $IS・LM$ 曲線を描くと、図7-15のように点 A において均衡していたとしよう。

　このとき自国の利子率 r_0 は海外の利子率 r_w より高いので、自国の債券に対する海外からの需要が増え、債券価格は上昇し、(7-4) 式に従って自国の利子率は下落することになると先に説明した。この利子率下落の仕組みを $IS・LM$ 曲線を用いて説明すると次のようになる。

　海外の経済主体が自国の債券を購入する場合、外貨を売って自国通貨を購入する必要が生じるため、自国通貨に対する需要が増大し、自国通貨の価値が上昇、換言すれば名目為替レートは下落することになる。しかし固定為替相場の下では、名目為替レートをそのまま下落させておくわけにはいかないので、中央銀行がマネーサプライを増大させて自国通貨の供給を増大させることによって固定為替レートを維持させることになる。マネーサプライが増大すると、図7-11で説明したように、LM 曲線が下方にシフトし、結局均衡点は図7-15の点 B まで移動することになる。

　それでは、図7-16の点 E において経済が均衡しているとき、減税や公共

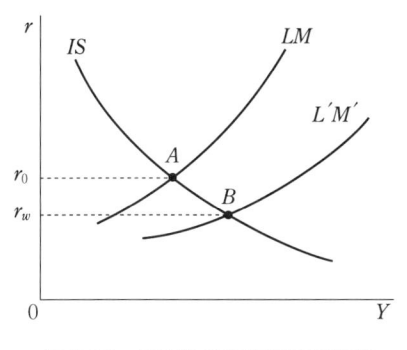

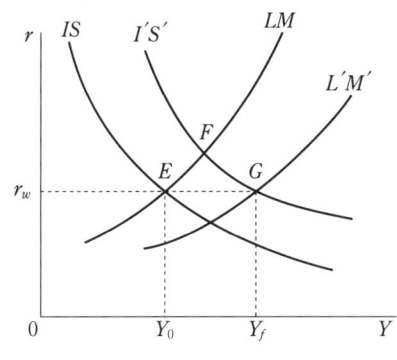

図7-15 固定為替相場制の下での $IS \cdot LM$ 分析

図7-16 固定相場制の下での財政政策の効果

投資といった拡張的な財政政策がとられたとしよう。すると、総需要の拡大を通じて IS 曲線は右方にシフトし、その結果新しい均衡点が図7-16における点 F であるとしよう。

このとき、海外の利子率よりも自国の利子率が高くなっているので、先にみたとおり、マネーサプライが増大して LM 曲線は下方にシフトして、結局均衡点 G に至ることになる。

次に、図7-17の点 E において経済が均衡しているときに、拡張的な金融政策がとられたとしよう。たとえばマネーサプライが増大したとすれば、図7-11で説明したように、LM 曲線は下方にシフトし、自国の利子率は海外の利子率よりも低くなってしまう。この場合には、海外の債券に対する自国からの需要が増え、債券購入のための自国通貨売り外貨買いが増えることになるので、自国通貨の価値が下落、換言すれば名目為替レートが上昇することになるが、固定為替レートを維持するために中央銀行が対抗策として外貨を放出して自国通貨を購入する動きに出るため、マネーサプライは減少し、それによって LM 曲線は上方にシフトし、均衡点は再び点 E に戻ることになる。つまり、固定為替相場制の下では、金融政策は実体経済に影響を与えることができなくなってしまうのである。

第7章 財貨市場と貨幣市場の結合 135

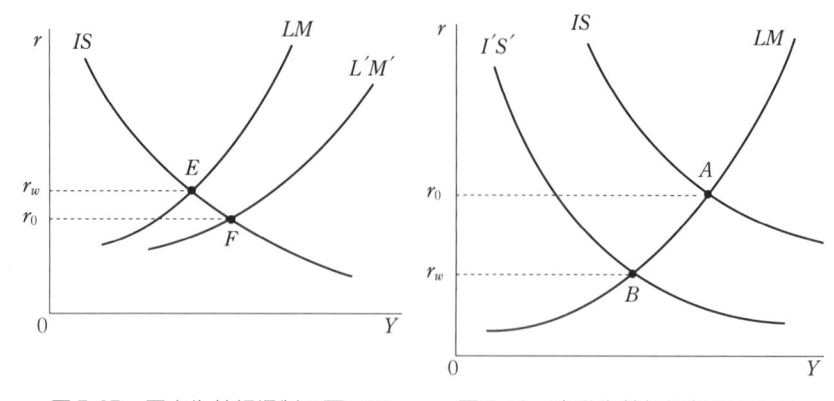

図7-17　固定為替相場制の下での金融政策の効果

図7-18　変動為替相場制の下での$IS \cdot LM$分析

それでは、物価が変動する場合についてみておくことにしよう。ここでの結論は、固定為替相場制の下においても、物価が不均衡に対して適切に調整される場合には、経済は完全雇用を達成するということである。議論を単純にするため、海外の物価は固定し、かつ期待インフレ率はゼロと仮定する。

たとえば、図7-16において経済が点Eで均衡しているとき、物価はP_0で国民所得がY_0であったとしよう。完全雇用の下での国民所得が図7-16のY_fであるとすれば、失業が存在していることになるが、これは労働市場において超過供給の状態を意味するので、名目賃金が下落し生産コストが下がることになる。それに伴い物価が下落するならば、(7-9)式より実質為替レートが上昇することに注意しよう。このことにより純輸出は増大するので、IS曲線は右方にシフトすることになる。しかし、新しい均衡点Fでは、海外の利子率よりも自国の利子率のほうが高くなっているため、先に説明したように、海外の利子率に戻る力がはたらいて、LM曲線は下方にシフトし、結局完全雇用を達成するような均衡点Gに至るというわけである。

一方、変動為替相場制の下では$IS \cdot LM$分析はどのように使えるのであろうか。

いま物価が固定されているという仮定の下で、$IS \cdot LM$曲線が図7-18の

ように描かれており、点 A において経済が均衡しているとしよう。

点 A においては、自国の利子率が海外の利子率よりも高いため、自国の債券を購入しようとして外貨売り自国通貨買いが増えることになる。そこで自国通貨の価値が上昇し、換言すれば名目為替レートは下落することになる。変動為替相場制の下では、中央銀行は名目為替レートの変動に介入する義務はないので、このまま名目為替レートが下落したとすると、国内に入ってくる輸入品の価格が減少することになり、純輸出は減少する。したがって均衡国民所得の減少を反映して IS 曲線は左方へシフトし、新たな均衡点 B に至ることになる。

このように、変動為替相場制の下では、利子率の不均衡は名目為替レートの変化を通じて IS 曲線がシフトすることにより解消されるのである。

それでは、図 7-19 の点 E において経済が均衡しているとき、拡張的な財政政策がとられたとしよう。この場合、財貨市場における総需要が拡大し、均衡国民所得の増大を通じて IS 曲線は右方にシフトして新たな均衡点は F となる。その結果自国の利子率が海外の利子率よりも高くなるので、図 7-18 でみたように、名目為替レートの下落を通じて IS 曲線は元の位置まで左方にシフトすることになる。したがって、変動為替相場制の下では、財政政策は実体経済に影響を与えることができない。

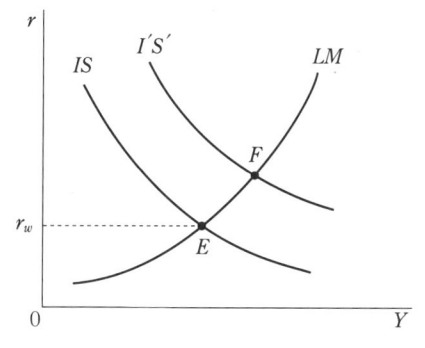

図 7-19 変動為替相場制の下での財政政策の効果

図 7-20　変動為替相場制の下での金融政策の効果

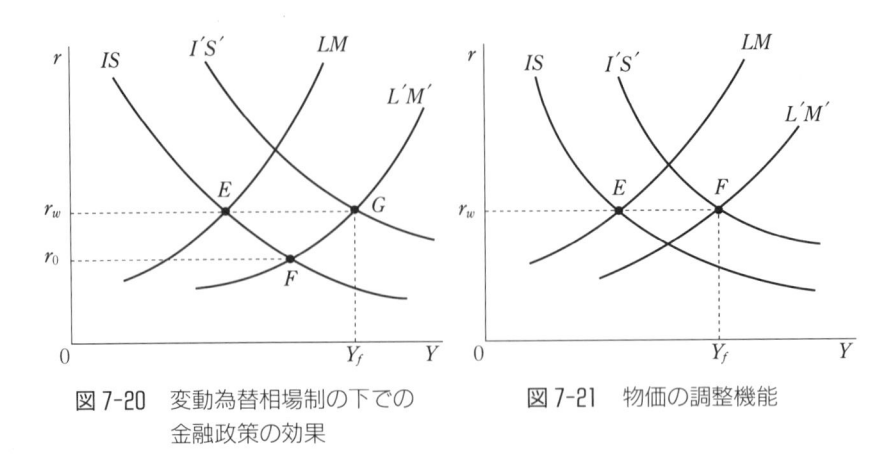

図 7-21　物価の調整機能

　他方、図 7-20 の点 E において経済が均衡しているとき、拡張的な金融政策がとられたとしよう。図 7-17 の場合と同様に、LM 曲線は下方にシフトし、その結果新しい均衡点 F の下では自国の利子率が海外の利子率より低くなるので、海外の債券を購入しようとして、自国通貨売り外貨買いが増えることになる。これは自国通貨の価値を下落させ、名目為替レートが上昇することになる。すると輸入品の価格も上昇することになり、純輸出の増大を通じて IS 曲線は国内利子率が海外利子率に等しくなるまでシフトし、結局新しい均衡点は G となる。

　最後に、自国の物価が変動するとき、以上の議論がどのように修正されるのかを考えてみたい。

　いま図 7-21 のように、初期の経済が点 E で均衡していたとしよう。このとき国民所得は完全雇用の水準 Y_f に達していないので、失業が存在していることになり、何も政策を発動しなくとも、長期的には労働市場における超過供給を反映して名目賃金が下がり、ひいては物価も下落することになる。物価の下落は実質マネーサプライを増大させ、他方において実質為替レートを増大させる。

　まず実質マネーサプライが増大すると、図 7-21 の点 E において、貨幣市場では超過供給が発生していることになるので、LM 曲線が下方にシフト

する。他方実質為替レートが増大すると、(7-9)式以下で説明したように、純輸出が増えることになるので、IS 曲線は右方にシフトし、その結果均衡点は F に至る。

　このように理論的には、何も政策をとらずとも、物価の調整機能を通じて財貨市場・貨幣市場・労働市場は同時に均衡に至るのであるが、現実には物価の調整速度は名目為替レートの調整速度に比べてはるかに遅いと考えられる。したがって、こうした物価の自動調整機能に頼るだけでなく、前述の財政政策や金融政策の発動が必要になってくるのである。

参考文献
斎藤精一郎『ゼミナール現代金融入門』〔第3版〕日本経済新聞社、1995年
中谷巌『入門マクロ経済学』〔第3版〕日本評論社、1993年

第8章

物価水準の決定と総需要・総供給

1　マクロと物価

　われわれは、第6章で、ケインズ体系の基礎理論である「有効需要の原理」に基づいて、経済全体での活動水準がどのように決定されるか、を学んだ。すなわち、マクロレベルでの均衡産出水準 Y は、消費 C と投資 I、政府支出 G、そして純輸出 NX の4つの項目からなる有効需要に一致する（$Y = C + I + G + NX$）。しかし物価については何も触れられてこなかった。ミクロ経済学を構成する大きな柱の1つは、パンや電気料金など、各個別市場で取引される財やサービスの価格は、それぞれの財・サービスの需要と供給が均衡するところでそれらの取引数量と同時に決定される、という考え方であった。この章では、マクロ経済学でも、そうしたミクロ経済学の需要と供給の理論からヒントを得て、経済全体の物価水準の決まり方が、全体の需要＝総需要と全体の供給＝総供給の釣り合いで議論できることを示してみよう。

2　物　価　水　準

　物価水準 P は、財・サービスの価格の集計的な値を表す指標であり、その代表的なものに、**消費者物価指数**（CPI）や、**GDP デフレータ**がある。消費者物価指数は、典型的な消費対象になる財・サービスの価額の総和につ

いてその基準年の値を 100 としたとき、それ以外の年のそれらの価額がいくらに相当するかを示す値である。一方、GDP デフレータは、その経済で生産されたすべての財・サービスの価額からつくられる物価の尺度である。こちらは、比較年次（測定したい年次）に生産された財を基準年次に購入したとして、比較年次の総価額と基準年次の総価額との比率をとるところに特徴がある。

簡単な例を示そう。1 種類の食料品＝パンと 1 種類の衣服、そして 1 種類の機械を生産する経済を考える（ただし機械は減耗の補塡と純投資の和、すなわち粗投資とする）。1995 年を基準年にとり、その年のパン 1 斤の名目価格が 100 円、衣服 1 着の名目価格が 5000 円、機械 1 台の名目価格が 10 万円とする。また、同じ年のそれぞれの生産量は、パンが 100 万斤、衣服が 10 万着、機械が 1000 台であった。一方、2000 年になると、パン 1 斤の名目価格は 120 円に、衣服 1 着は 5500 円に、機械 1 台は 7 万円に変化し、生産量はそれぞれ、パン 110 万斤、衣服 12 万着、機械 900 台になった。名目 GDP が 1995 年に 7 億円、2000 年に 8 億 5500 万円であったこの国の例について、消費者物価指数と GDP デフレータを計算してみよう。

消費者物価指数は、「消費者が購入する財・サービスを基準年で一定量に固定し、これに要する費用の変化を指数値で表したもの」であるから、上の例では、1995 年を基準年とした 2000 年の消費者物価指数は、｛(120 円×10 斤＋5500 円×1 着)÷(100 円×10 斤＋5000 円×1 着)｝×100≒112 である。いま m 種類の消費財があるとして（$i=1, 2, \cdots, m$）、それらの価格を P_i、数量を Q_i で、基準年を t、今期を $t+\varDelta$ で示すと、消費者物価指数は一般に

$$CPI = \frac{\sum_{i=1}^{m} P_{i,t+\varDelta} Q_{i,t}}{\sum_{i=1}^{m} P_{i,t} Q_{i,t}} \tag{8-1}$$

で表すことができる。このように基準年の重要度（需要量）でウェイト付けした指数を**ラスパイレス型指数**という。

GDP デフレータのほうは、比較年次（2000 年）の価格が、パン 1 斤＝120 円、衣服 1 着＝5500 円、機械 1 台＝7 万円、比較年次の生産量が、パン 110 万斤、衣服 12 万着、機械 900 台で、基準年次（1995 年）の価格がそれぞれ 100 円／1 斤、5000 円／1 着、10 万円／1 台だったから、｛(120 円×110 万斤＋5500 円×12 万着＋7 万円×900 台)÷(100 円×110 万斤＋5000 円×12 万着＋10 万円×900 台)｝×100≒107 である。

　消費者物価指数には機械は含まれないが、GDP デフレータではそれが考慮されていること、消費者物価指数は基準年次の代表的な消費財の数量（消費財バスケットという）をとればよかったが、GDP デフレータは比較年次に生産されるすべての財について集計されることに注意すべきである。一般的には、n 種類の財があるとして（$i=1, 2, \cdots, m, \cdots, n, n \geq m$）、それらの価格を P_i、数量を Q_i で、基準年次を t、比較年次を $t+\varDelta$ でそれぞれ示すと、GDP デフレータは、

$$\text{GDP デフレータ} = \frac{\sum_{i=1}^{n} P_{i,t+\varDelta} Q_{i,t+\varDelta}}{\sum_{i=1}^{n} P_{i,t} Q_{i,t+\varDelta}} \tag{8-2}$$

のように表される。GDP デフレータのように比較年次の重要度でウェイト付けされた指数を**パーシェ型指数**という。

3　総需要

　第 7 章の $IS \cdot LM$ モデルでは、IS 曲線は、利子率 r がパラメータとしてさまざまな水準をとるときの財市場の需給均衡を表す状態であり、また LM 曲線は、実質所得＝実質生産量の水準 Y をパラメータとして適当な水準に決めたときに貨幣市場の需給が均衡する利子率を表すことが示された。そして、これら 2 つの曲線の交点（Y, r）が、財市場の均衡と貨幣市場の均衡を同時に満足させる「マクロ均衡点」であった。こうした $IS \cdot LM$ 分

析のフレームワークでは、物価 P は、通常、財市場、貨幣市場の両方で所与、すなわちパラメータとしてあらかじめ決まっているものと想定された。パラメータである物価水準 P が変化すれば、当然これらの市場は影響を受け、IS 曲線や LM 曲線の位置は変化するだろう。

1 総需要曲線の導き方

　はじめに、物価水準 P の変化が貨幣市場だけに影響を及ぼす場合を考え、財市場の均衡、すなわち IS 曲線の位置は変化しないと仮定しよう。名目マネーサプライ＝名目残高を M とすると、物価 P が上昇するとき、貨幣の実質残高 M/P は減少する。実質残高に対する需要、すなわち貨幣需要 $L(Y, r)$ の形が物価の変化の影響を受けないなら、LM 曲線は P の上昇とともに上方にシフトする。すなわち貨幣市場の均衡を表す次の式、

$$\frac{M}{P} = L(Y, r) \tag{8-3}$$

で、左辺の実質マネーサプライ＝実質残高の減少に合わせて、貨幣市場の均衡を保つように右辺の貨幣需要が減少するためには、パラメータである実質所得水準 Y のさまざまな値に対して、LM 曲線にのる利子率は上昇せざるをえない。物価 P の上昇によって LM 曲線が上方にシフトすると、財市場の均衡を表す IS 曲線との交点、すなわちマクロ均衡点も左上に移動して、新たな均衡状態（Y_2, r_2）では実質所得の減少と利子率の上昇がみられるだろう。反対に、物価の下落は、実質マネーサプライの増加を通じて LM 曲線を下方にシフトさせ、実質所得の増加と利子率の低下をもたらす。こうした関係を物価 P と実質所得 Y についてのグラフで右下がりの曲線として示したものが**総需要曲線** AD である（図 8-1 参照）。

　物価水準の変化は、一般には財市場にも影響を与えるだろう。実質所得と消費の関係を示した消費関数には物価の変化は影響を及ぼさないと仮定しても、それは、投資財価格の変化、あるいは投資を増やすにあたっての追加費用の変化を介して投資需要に影響するはずである。すなわち、投資から得ら

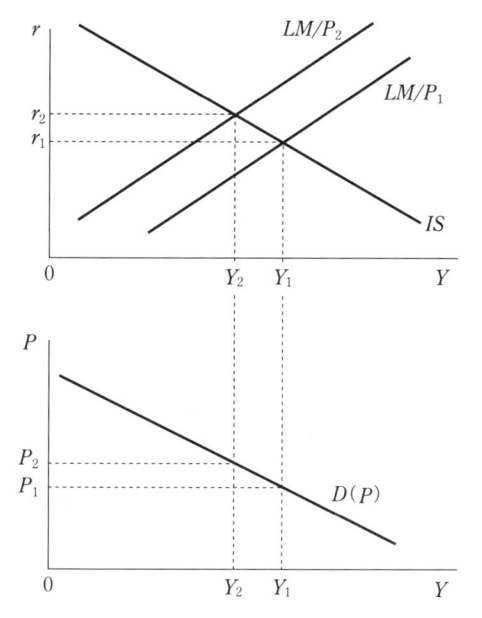

図 8-1 *IS*・*LM* 図式（上）から総需要曲線（下）を導く方法

れるであろう将来収益の予想が現在の物価水準に影響されないとすると、一般物価の上昇は追加投資 1 単位にかかる追加費用を増加させ、資本の限界効率（＝投資の限界効率）を低下させるだろう。資本の限界効率が低下すれば投資需要は減少するので、IS 曲線も左方にシフトせざるをえない。こうして、物価 P の上昇は、IS 曲線、LM 曲線ともに左方へシフトさせることで、実質所得の減少にいっそう拍車をかける。一方、物価の下落は、投資の追加費用の減少を介して IS 曲線を右方にシフトさせるため、実質所得のいっそうの増加を招く。物価の変化が IS, LM 双方の曲線を同時に、しかも同じ方向にシフトさせるなら、そのとき総需要曲線の傾きはいっそう緩やかになる（物価弾力性が大きくなる）だろう[1]。

本章では、煩雑さを避けるため物価水準 P の変化が IS 曲線に及ぼす効果を無視し、P の変化はもっぱら LM 曲線のシフトを引き起こすことで、均衡所得 Y の水準を変化させる、と考えよう。第 7 章で示されたように、物

価 P を明示した $IS \cdot LM$ モデルは、次の式で表される。

$$S(Y) = I(r) \tag{8-4}$$

$$L(Y, r) = \frac{M}{P} \tag{8-5}$$

まず、(8-4) 式を利子率 r について解き、所得 Y で表されたその解 $r(Y)$ を (8-5) 式に代入して利子率を消去すると、物価 P と均衡所得水準 Y の関係式、

$$Y = D(P) \tag{8-6}$$

を得る。ここで、さまざまな物価水準に対応した所得水準を改めて需要量、すなわちマクロ的な総需要と考えることにしよう。

物価水準の P_1 から P_2 への上昇は、実質マネーサプライ (M/P) の減少を意味するから、LM 曲線は左にシフトする。$IS \cdot LM$ 図式でマクロ均衡点は左上方にシフトし、新たな均衡点では所得水準の減少 ($Y_1 \rightarrow Y_2$) と利子率の上昇 ($r_1 \rightarrow r_2$) がみられる。この関係は、所得を総需要と読み替えた場合、物価水準の上昇による総需要の減少として表されるのである。ただし、ミクロ経済学の需要関数と違って、総需要には貨幣市場の均衡が組み込まれていることに注意すべきである。

2 物価の上昇の総需要への波及メカニズム

金融市場における波及メカニズムや、貿易、国際金融まで考慮して、物価の上昇が一般に総需要を減少させる様子をまとめてみよう。まず、物価水準 P の上昇は実質現金残高 (Ca/P) と中央銀行の準備の実質残高 (R/P) を減少させる。預金は準備に基づいて創造されると仮定すると、実質現金残高と実質預金残高の和である実質マネーサプライ (M/P) は減少する。一方、実質残高に対する需要 L に変化がないならば貨幣市場では貨幣の超過需要が発生し、その結果、貨幣の超過需要分が解消するまで利子率は上昇するだろう ($r_1 \rightarrow r_2$)。利子率の上昇の総需要に与える効果には、直接的なルートと国際経済を通じての間接的ルートがある。まず利子率が上昇すると投資が減少し、

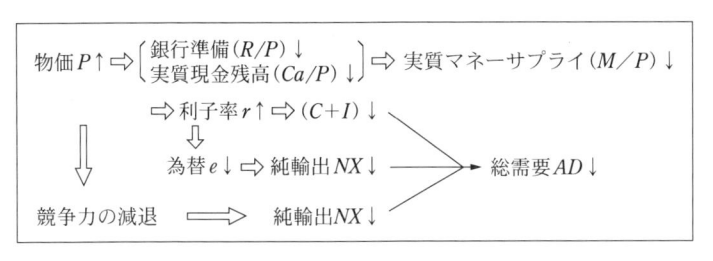

```
物価P↑ ⇒ ┌ 銀行準備(R/P)↓  ┐ ⇒ 実質マネーサプライ(M/P)↓
         └ 実質現金残高(Ca/P)↓ ┘
    ⇓           ⇒ 利子率r↑ ⇒ (C+I)↓ ↘
                    ⇓                  → 総需要AD↓
                   為替e↓ ⇒ 純輸出NX↓ ↗
競争力の減退 ⇒ 純輸出NX↓ ↗
```

図 8-2　物価上昇の波及メカニズム

続いて消費も負の乗数効果で減少する。これが直接的ルートである。一方、利子率の上昇は国際金融の局面にも作用し、海外から資本を呼び寄せ、邦貨の価値を高めるだろう。その結果、邦貨建て為替レート e は下落し、輸出が減り輸入が増えて、総需要は減少する。これが間接的ルートである。物価 P の上昇は、さらに貿易を通じて直接、総需要に影響する。すなわち、当該国はその輸出品が海外で割高になることで競争力を失い、また輸入に対する需要が増える。その結果、純輸出が減り、このルートでも総需要は減少するだろう（図8-2）。

4　総 供 給

1　ケインジアンの固定価格モデルと古典派の自然産出水準

物価水準とそれに対応するマクロの産出水準を決定するためには、経済の生産能力について検討する必要がある。利潤動機を持つ企業がそれぞれの物価水準でいわば自発的に供給しようとする場合の、実質 GDP の水準が**総供給**という考え方である。経済に失業者や過剰設備といった過剰生産能力がある場合、企業は、一般に価格さえ高くなればより大きな利潤を求めて産出水準を拡大することができる。とりわけ過剰な生産能力がふんだんにある場合、多少産出水準が上昇しても企業の限界費用を直ちに押し上げるとは考えにくい。ケインジアンは、完全雇用が達成されるまでは労働者による賃金引き上げの交渉力は弱く、また生産1単位当たりに必要とされる原材料など投入量

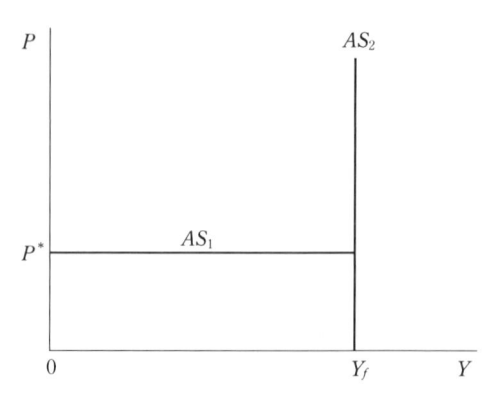

図 8-3 ケインジアンと古典派の総供給曲線

も変化せず、総供給曲線は一定の物価水準 P^* で水平になるだろうと考える（図8-3の水平部分 AS_1）。一方、古典派は、市場メカニズムによる需給の価格調整が隅々まで進み、経済は、物価がどの水準に決まろうと、労働を中心とする生産要素の完全雇用を達成する、と主張する。産出水準は生産要素の賦存量やその本来自然に備わっている能力に従って自然産出水準 Y_f に決定される、との立場をとるのである（図8-3の垂直部分 AS_2）。

2 短期の総供給曲線と労働市場

議論を簡単にするために生産要素を労働だけに限定し、$Y=F(N)$ というマクロの生産関数を考えよう。マクロの供給を担う代表的企業（経済全体の供給をあたかも代表的な一企業が行う、と考える）は、常に利潤の最大化をはかるようその生産量を決定する、と仮定し、F は逓減的とする（$F'=\Delta Y/\Delta N>0$, $F''=\Delta(\Delta Y/\Delta N)/\Delta N<0$）。そうするとこの代表的企業は、労働の追加1単位当たりの産出量、すなわち労働の限界生産物（F'）が、貨幣賃金 W を物価 P で割った実質賃金 W/P、すなわち投入物の単位当たりコストに等しくなるところまで生産を推し進めるだろう。企業は合理的に意思決定する限り、生産をわずかしか行わずみすみす利潤機会を逃したり、むやみに生産しすぎて余計なコスト高を招いたり、といった馬鹿げた行動はとらないか

らである。Π を利潤とすると、

$$\Pi = PY - WN = PF(N) - WN \tag{8-7}$$

Π が最大化されるところでは、

$$\frac{\Delta \Pi}{\Delta N} = PF' - W = 0 \quad \text{したがって} \quad \frac{W}{P} = F' \tag{8-8}$$

こうして、「実質賃金は労働の限界生産物に等しい」という古典派の第1公準が得られるのである。(8-8) 式の逆関数をとれば、企業による雇用量、すなわち実質賃金率に反応する労働の需要関数 $N_d = N_d(W/P)$ が得られる。実質賃金が上昇すれば F' が大きくなることから、労働需要は減少するだろう。労働の雇用量が増えるにつれてその限界生産物が逓減する（少なくなる）なら、産出量が増加するためには実質賃金が下落しなければならない。労働者は企業と賃金契約を結ぶ際、それを頻繁には改定せず、短期において貨幣賃金率 W は一定と仮定すると、産出水準と物価の関係を表す**総供給曲線** AS は、右上がりになるだろう（図8-4）。

次に労働を供給する家計の側の行動原理について考えてみよう。代表的家計は労働供給量を決めるにあたって、自発的に雇用契約に臨む。そのとき家計は意思決定の基準を、自分の満足感、すなわち、財・サービスの消費

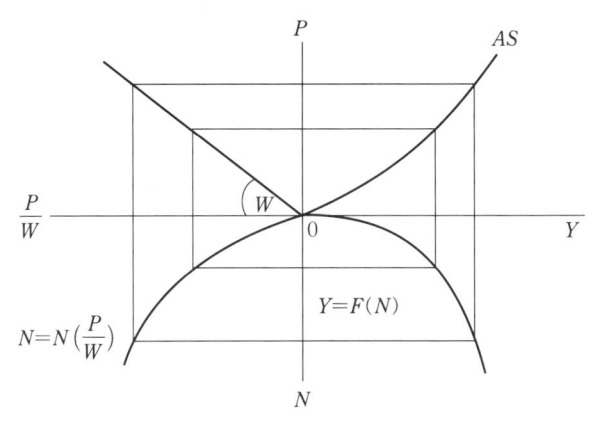

図8-4 企業の利潤最大化行動による総供給曲線

(Y_w) と自由時間＝レジャー ($T-N$) から得られる効用 U を最大化することに置くであろう。ただし T は最長の自由時間で、1週間や1年など単位期間に固定されている。こうした家計の行動は、予算制約

$$PY_w = WN \tag{8-9}$$

の下での、その効用の最大化：

$$\text{Max. } U(Y_w,\ T-N) \tag{8-10}$$

と定式化できる。最適な労働供給量 N^* を見つけるために以下のようなラグランジュ関数 L を考える。ただし、λ はラグランジュ乗数である。

$$L = U(Y_w,\ T-N) + \lambda(PY_w - WN) \tag{8-11}$$

効用 U が最大化される消費量と労働供給量の組合せ (Y_w^*, N^*) では以下の条件が成立している：

$$\frac{\partial U}{\partial Y_w^*} + \lambda P = 0,\quad \frac{\partial U}{\partial (T-N^*)}(-1) - \lambda W = 0 \tag{8-12}$$

したがって、

$$\frac{W}{P} \cdot \frac{\partial U}{\partial Y_w} = \frac{\partial U}{\partial (T-N^*)} \tag{8-13}$$

という式が導き出される。この最後の式は、左辺の、財・サービスの消費 Y_w の限界効用 ($\partial U/\partial Y_w$) の実質賃金率分、すなわち1単位余計に働いて賃金率 W で追加購入できる財・サービスの効用が、右辺のレジャーの限界効用の大きさ、すなわち労働の限界不効用の大きさ：$\partial U/\partial(T-N^*)$ に等しくなるということを意味していて、「賃金の効用はその雇用量の限界不効用に等しい」という古典派の第2公準そのものである。結局、家計が自発的に供給したいと考える労働供給量も実質賃金率の関数になっている。ただし正確には、労働の自発的供給量は実質賃金率の増加関数とはいい切れない点に注意すべきである。いま、物価に比べて名目賃金 W がきわめて低い場合、賃金が上昇すれば、家計は希少な財・サービスを購入するために余暇を減らして労働供給量を増やすだろう。しかし賃金水準が上昇するにつれ十分な財貨の購入が可能になると、財の限界効用はどんどん小さくなっていく。

図 8-5　労働市場の複数均衡

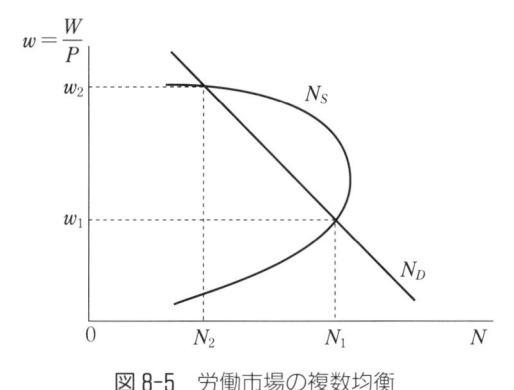

したがって実質賃金がある水準を超えると所得効果が大きくなって、家計は労働供給を減らして余暇を選択するようになるかもしれないのである。

図 8-5 のグラフは労働市場の様子を表している。労働需要曲線 N_D は右下がりになるが、通常右上がりと考えられる労働供給曲線 N_S は、実質賃金率が十分に高いところでは余暇に価値が見出され、右下がりになりうるのである。これを**屈曲供給曲線**（図 8-5）という。もしこうした労働市場があるとすれば、労働の需給均衡点は 2 つ存在する可能性があるだろう（図 8-5 の (w_1, N_1) と (w_2, N_2) の点）。

マクロ経済学の基礎を築いた J. M. ケインズは、その主著『一般理論』で、とりわけ労働市場についてこうした古典派による需給の市場調整理論を論駁した。彼によれば、古典派の第 1 公準はとりあえず認めるとしても、家計は実質賃金を見ながらその労働供給量を決定することはできない。というのも家計は、実質賃金が高すぎて失業が出ている場合、名目賃金 W の切り下げには抵抗するが、物価水準 P が上昇して全般的に実質賃金が下落する場合には、それがあまりにひどくない限り受け入れるからである。このとき労働の供給曲線を引くのは困難になるであろうし、したがって古典派の第 2 公準は容認しがたいのである[2]。

雇用契約がある程度の期間にわたって有効であることに注目すれば、少な

くとも短期では貨幣賃金率 W は不変であると仮定するのが現実的であろう。

③ 総需要、総供給と物価水準の決定

総需要曲線を総供給曲線に重ねてみよう。図8-6で、総供給曲線は、産出水準が低い領域で水平に（ケインジアンの固定価格）、産出水準がある水準を超えて拡大すると、完全雇用が達成されるまでは労働の限界生産性の低下を反映して右上がりに描かれている。完全雇用水準 Y_f を超えてさらに産出が拡大しようとしても、それ以上は雇用量を増やすことができないから、総供給曲線は古典派のケースのように Y_f で垂直になる。

$IS \cdot LM$ モデルでは、産出水準の調整に関し、供給側の条件、すなわち価格水準や賃金水準など与えられた経済環境の下で、企業が利潤を最大化できているかどうかという問題については無頓着であった。それに対し $AD \cdot AS$（総需要・総供給）モデルでは、財・サービスの最適な供給条件まで組み込んだマクロ均衡を論じることができる。しかも総需要曲線には貨幣市場の均衡が織り込み済みであることに注意すべきである。図8-6において、さまざまな水準の総需要曲線（AD_1, AD_2, AD_3, AD_4）が折れ線で表された総供給曲線（AS）と交差している点が均衡物価水準と均衡産出量を表している。経

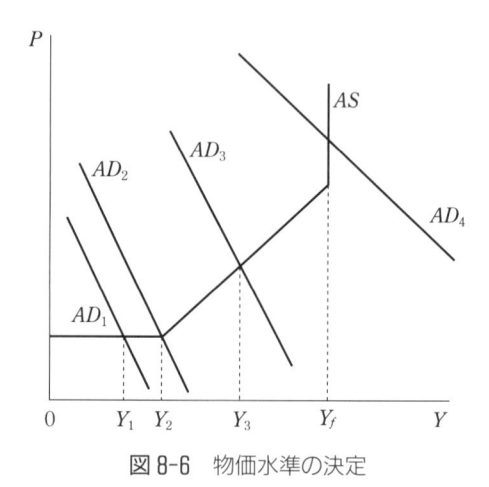

図 8-6 物価水準の決定

済が厳しい不況に直面し、多くの失業者と膨大な過剰設備が存在するとき、企業は少しばかり需要が増加しても賃金どころか限界費用すら上昇させることなく産出水準を拡大できる（$Y_1 \to Y_2$）。景気が回復し総需要が拡大し続けると、企業の抱える設備の過剰感は徐々に解消し、限界費用が上昇して物価水準を引き上げる（$Y_2 \to Y_3$）。経済が完全雇用水準を超えて過熱しすぎると、もはや財・サービスをそれ以上増やすことはできなくなり、総需要の増加は物価水準の上昇にすべて吸収されてしまうだろう（Y_f）。

5 総需要曲線のシフトとその要因

与えられた物価水準の下で $IS \cdot LM$ 曲線がシフトすれば、総需要曲線の位置も当然その影響を受けるだろう。IS 曲線が右にシフトすれば $IS \cdot LM$ 図式で均衡点は（Y_1, r_1）から（Y_2, r_2）に変化する。一方、LM 曲線の下方シフトによって新たな均衡点は（Y_3, r_3）になるだろう。このような $IS \cdot LM$ のシフトはともに均衡産出量を増加させるが、注意したいのは均衡利子率の変化の方向である。IS 曲線の右方シフトは貨幣の取引需要を増加させ、その結果、貨幣市場がひっ迫して利子率を押し上げる。LM 曲線の下方シフトは貨幣市場の緩和を意味し、利子率は低下するだろう。しかしながら、こうした様子を AD 曲線で表そうとしても、それはただ AD 曲線を右方にシフトさせるだけで、そこに貨幣市場で起こった変化を読み取ることはできない（図8-7）。

総需要曲線をシフトさせる $IS \cdot LM$ 曲線のシフト要因についてチェックしておこう。公共投資などの政府支出の増加は有効需要を増加させ、IS 曲線は右にシフトする。減税や移転支出の増加も、可処分所得の増加を通じて消費を増やし、やはり IS 曲線を右にシフトさせるだろう。IS 曲線のシフト要因としては、これら財政政策のみにとどまらず、家計の嗜好や企業の投資マインドの変化、輸出に影響する海外の経済状態の変化などをあげなければならない。次に LM 曲線のシフト要因である金融政策についてみてみよう。

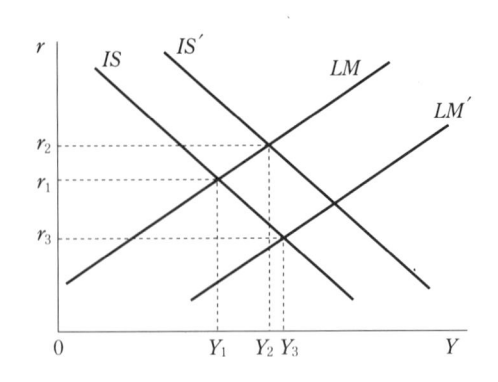

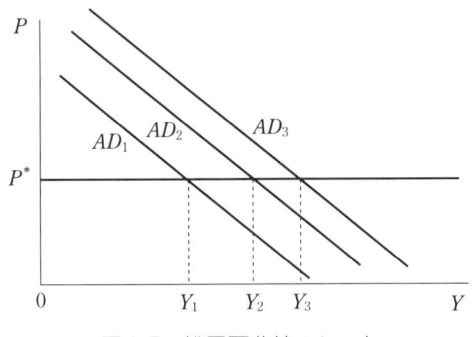

図 8-7　総需要曲線のシフト

　まず、預金準備率の引き下げや買オペは過剰準備を生む。過剰準備は民間銀行にとっては余計なコストになるので、それは債券や貸出で運用され、結局、信用創造プロセスを介して全体の名目マネーサプライは増加するだろう。公定歩合の引き下げも借入準備の増加や過剰準備の減少を引き起こし、全体としての有効準備の増加を通じて貨幣量を増やす。こうして金融緩和政策は LM 曲線を下方にシフトさせる。貨幣需要の変化もまた LM 曲線に影響する。技術進歩などで貨幣の取引需要が減少したり、家計や投機筋が強気になって貨幣の資産需要を減らせば、LM 曲線は下方にシフトするだろう。

6 総供給曲線のシフトとその要因

　総供給曲線の位置は、労働などの生産要素の名目的な報酬率の変化や、労働の質や生産性に影響する教育水準、さらには労働と組み合わせられる固定的な生産設備（機械の数や工場の大きさ）やインフラ施設（道路や橋、空港など）によっても影響される。ここでは、名目報酬である貨幣賃金の変化が総供給曲線に与える影響を中心に考察しよう。われわれは総供給曲線を導く際に、合理的な企業は常に利潤最大化をめざして行動する、と仮定した。すなわち企業は、それぞれ財・サービス市場と労働市場で決まった物価 P と名目賃金率 W から得られる実質賃金率 (W/P) が労働の限界生産物 ($\Delta Y/\Delta N$) に等しくなるところで生産量を決める（(8-8) 式）。いま労働市場で名目賃金が W_1 から W_2 に下落すると、短期の総供給曲線（図 8-8 の SSW）は賃金の下落を反映して右にシフトするだろう（(8-14) 式）。

$$\frac{W_1}{P^*}=F'(Y_1)>\frac{W_2}{P^*}=F'(Y_2) \quad \text{したがって} \quad Y_1<Y_2 \qquad (8\text{-}14)$$

　名目賃金は、企業と労働者の賃金交渉で決定される。両者の合意は、将来、物価水準がどうなるかという予想に左右される。したがって、物価の上昇が予想されるとき、労働者側は実質賃金の水準を維持しようとして高い名目賃金を要求し、企業は価格の値上がりで利潤が増えるので、以前よりも高い賃

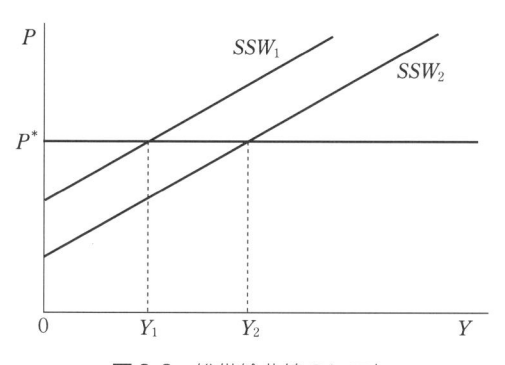

図 8-8　総供給曲線のシフト

金を支払うことが可能になる。総供給曲線の位置には、将来をどのように予想するかという、期待の要因も大きく影響するだろう。

7 長期的な物価の調整

総需要と総供給が、失業を伴うような不況状態で均衡しているとしよう。総需要曲線とケインズ的な短期の総供給曲線 SSW が交差する均衡点で非自発的失業者が発生していれば、彼らはやがて名目賃金がもっと低くても働きたいと思うようになるだろう。賃金は時間をかけて W_1 から W_2 に下落する。はじめの物価水準 P_1 と産出量 Y_1 (N_1) では企業に追加労働による収入 $P_1 F'(N_1)$ －賃金 W_2 で表される追加利潤がもたらされるため、生産＝供給は増加するだろう。こうして短期の総供給曲線は右にシフトし、新たな均衡点では供給の増加とともに物価の下落がみられる。こうした変化は産出が増加し、完全雇用のところで非自発的失業が解消して名目賃金の下落が止まるまで続くだろう（図8-9(a)で、$W_1 > W_2 > W^*$、長期均衡は (P^*, Y_f, W^*))。

反対に、景気の過熱や政府による過大な財政支出などで、完全雇用水準を超えて産出が増加し (Y_2)、物価も上昇する場合を考えよう。今度は、企業は生産を増加させるために労働者に時間外手当てなどを支給しなければならず、一般に賃金水準は上昇する ($W_1 < W^{**}$)。この場合は総供給曲線が左に

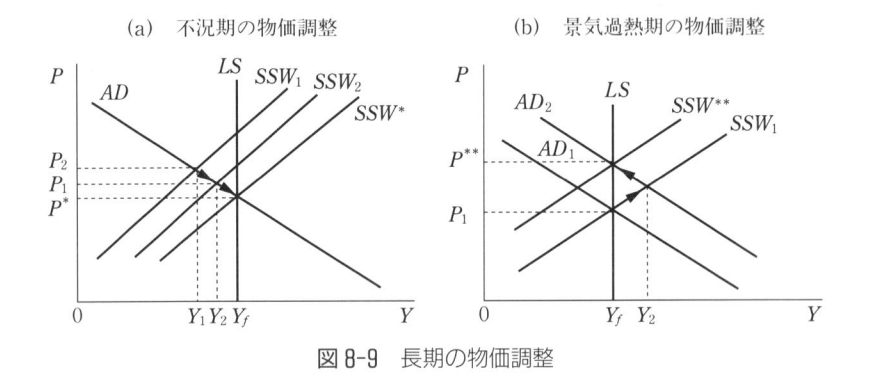

(a) 不況期の物価調整　　　　　(b) 景気過熱期の物価調整

図8-9 長期の物価調整

シフトして、やはり完全雇用が成立するところで再び長期均衡が成立する（P^{**}, Y_f, W^{**}）。市場の調整が完了するほど十分な時間が経過し長期均衡が成立する場合には、そうした均衡点が乗る長期の総供給曲線 LS は、完全雇用の産出水準 Y_f で垂直に立ち上がるのである。

賃金率や雇用の変化、インフレーションやデフレーションなど、時間を通じての物価変動についてのさらに詳しい分析を行うためには、人々がどのように将来を予想してみずからの行動を決定するか、という、「期待形成」の理論が不可欠である。次章では、インフレと失業のトレードオフに注目するフィリップス曲線の性質に焦点を当て、経済のダイナミックスについて検討してみよう。

注

[1] 投資財追加1単位に要する費用を P、その投資1単位から将来得られるであろう毎期の平均的な予想収益を Q とする。Q は投資 I の減少関数である。投資決定の式：$P = Q(I)/r$ を物価 P で微分すれば $dI/dP = r/(\partial Q/\partial I) < 0$ を得る。したがって財市場の均衡を (8-4) 式にかえて、$S(Y) = I(r, P)$ で考えると、物価 P の上昇は投資コストの上昇を意味するので、I は P の減少関数になる。すなわち、物価 P の上昇は投資の減少を介して IS 曲線を左方にシフトさせるだろう。有力な投資理論の1つに「トービンの q 理論」がある。q は、分子に資本の生み出す将来収益の割引現在価値の指標として、1企業の株式時価総額と負債総額を、分母に資本の再取得費用をとった比率である。q が1を超えるときは企業の評価が高く、投資を増やす意味がある。分母の単位価格に物価 P をとると、P の上昇は q を下げるので、投資は減少する。資本量を K、企業価値（分子）を V とすると、
$$I = I(q), \quad \frac{dI}{dq} > 0, \quad \text{かつ } q = \frac{V}{PK}, \quad \frac{\partial q}{\partial P} < 0 \text{ より}, \quad \frac{\partial I}{\partial P} < 0.$$

[2] ケインズ (1941)、第2章参照。

参考文献

ケインズ, J. M.（塩野谷九十九訳）『雇傭・利子及び貨幣の一般理論』東洋経済新報社、1941年

第9章

失業とインフレ・デフレ

1 経済のダイナミックス

経済は、時間とともに常に動いている。総需要曲線や総供給曲線も時間が経てばシフトして、決して1ヵ所にとどまることはないであろう。この章では、失業とインフレのトレードオフを表したフィリップス曲線からインフレ供給曲線を導き出し、また、総需要曲線を動学化することで、人々の期待を含む経済のダイナミックスを検討する。最後に、日本経済の現状についても触れられるだろう。

2 失　業

失業は、社会的に深刻な問題であり、経済学の最重要課題の1つである。必ずしも働きたいと思っている人々すべてに常に雇用が保証されるわけではない。景気後退の時期には雇用は生産の落ち込みとともに減少し、景気が回復すれば企業の増産によって雇用は拡大する。雇用の程度を示す**失業率**とは、労働意欲があり、いつでも働きたいと思っている人々の数を労働力として分母に取り、その労働力のうち、仕事が見つからない失業者の数を分子とした比率のことである。社会のある時点での労働力を $\bar{N}$、就職している被雇用者の数（労働人口）を N とすると、失業者数は $\bar{N}-N$ になる。したがって失業率 u は、

$$u = \frac{\bar{N} - N}{\bar{N}}$$

で表される。労働者は、はじめて仕事につくときや、いったん仕事を離れて別の職を探したりするときに、自分の好みにあった職場が見つかるまで時間を必要とするだろう。これは「摩擦的失業」と呼ばれ、労働者がみずから失業を選択しているわけだから自発的失業である。したがって経済が正常な状態にあるときでも、失業率はゼロにはならない。失業者が自発的失業者だけからなる場合の失業率をとくに**自然失業率**という。これに対して、とりあえずどんな職でもよいから働きたいと思ってもなかなか仕事が見つからない場合がある。こうした失業は非自発的失業であって、それは経済が不況になればなるほどいっそう深刻化する。

3 フィリップス曲線

経済学者 A. W. フィリップスは、イギリスの長期 (1861~1957 年) にわたるデータから賃金率の変化と失業率の変化の間の規則的な関係を発見した。それによれば失業率が高いほど貨幣賃金率の上昇率は小さくなる、すなわち、失業率と貨幣賃金率の上昇率との間にはトレードオフの関係が認められるのである。このことから、労働市場において、経済が好況で労働に対する需要が労働供給を超過し労働の奪い合いが起こると賃金は上昇し、反対に経済が不況で労働需要がその供給を下回るようになると賃金は下落する傾向があることが類推される。

労働者がよりよい条件の職場を求めて自発的に失業している、自然失業率で表される状態を**完全雇用**とし、その失業率を u_f で表す。そしてはじめに u_f では賃金率は上がりも下がりもしないとしよう (図 9-1)。

(9-1) 式は、図 9-1 で示したフィリップス曲線を直線で近似して定式化したものである；

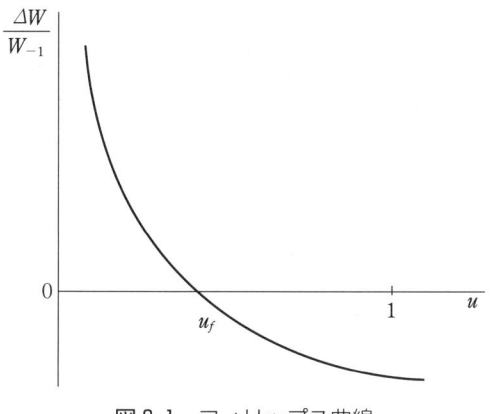

図9-1 フィリップス曲線

$$\frac{\Delta W}{W_{-1}} = \frac{W - W_{-1}}{W_{-1}} = -a(u - u_f), \quad a > 0 \quad (9\text{-}1)$$

この式の左辺は前期（下付添字の-1で表す）から今期にかけての貨幣賃金率の変化率で、右辺のカッコは実際の失業率 u と自然失業率 u_f の差を、正の定数とした a は失業率に反応する貨幣賃金率の変化の調整スピードを表している。経済が不況で失業率が高まると貨幣賃金率は下落し、好況になればその下落は鈍化する。さらに景気が過熱して失業率が自然失業率を下回るようになると、今度は貨幣賃金率は上昇しはじめるだろう。

　貨幣賃金は、通常、企業と労働者の賃金交渉によって決定されるだろう。したがって、もし物価の上昇が予想されれば、労働者側は貨幣賃金を物価で割った実質賃金（W/P）の水準を維持しようとして貨幣賃金率の引き上げを要求する。一方、企業は製品価格の値上がりで利潤が増えるので、以前よりも高い賃金を支払うことが可能になる。このように貨幣賃金の水準をめぐる両者の合意は、将来、物価水準がどうなるかという予想＝将来期待に左右されるのである。

　P を今期の物価水準、P_{-1} を前期の物価水準とすると、物価上昇率＝インフレ率 π は、

$$\pi = \frac{P - P_{-1}}{P_{-1}} \tag{9-2}$$

で表される。また、人々（企業や労働者）の将来期待を示すバロメータとして期待物価水準 P^e をとり、前期に、今期成立するであろうと予想された物価の期待水準を $P^e = P_{-1} + \Delta P^e$ とする。このとき、期待インフレ率 π^e は、

$$\pi^e = \frac{P^e - P_{-1}}{P_{-1}} = \frac{\Delta P^e}{P_{-1}} \tag{9-3}$$

で表される。ここで、労働者はインフレが予想されればその分の補償を要求し、企業もその要求を受け入れるのにやぶさかではないとしよう（$P^e - P_{-1} > 0$, $\pi^e > 0$）。このとき (9-1) 式で表されたフィリップス曲線の式は π^e だけ上方にシフトするだろう[1]。

$$\frac{\Delta W}{W_{-1}} = \pi^e - a(u - u_f), \quad a > 0 \tag{9-4}$$

失業率が自然失業率 u_f に等しいとき、貨幣賃金率の上昇率は期待インフレ率 π^e に一致する。もし失業率が自然失業率を上回り、経済が不況に陥れば、賃金の上昇率は当初の期待 π^e 以下に低く抑えられるし、反対に景気が過熱すれば賃金も高騰するだろう。

4 インフレ供給曲線

見通しをよくするために、企業は生産する財の供給価格 P_s を決める際に、生産費に一定の割合の利益を上乗せする、マークアップ方式を採用すると考えよう。さらに、必要とされる生産要素は労働だけで、生産物 1 単位当たりの生産に 単位時間に換算して η 人かかるとする。このとき生産物 1 単位当たりの費用は ηW で、上乗せされるマークアップ率を ν とすると、企業による価格形成は、

$$P_s = (1 + \nu) \eta W \tag{9-5}$$

のように表される。ただし η は規模に関係なく固定されており、ν も経済

全体で一定と仮定する。産出量 Y と完全雇用産出量 Y_f は（以下、雇用量 N は人時で考え、N_f は完全雇用量とする）、

$$Y = \frac{N}{\eta}, \quad Y_f = \frac{N_f}{\eta} \tag{9-6}$$

と表されるから、失業率 u と自然失業率 u_f との差は、産出量と完全雇用産出量 Y_f との差によって示すことができるだろう。

$$u - u_f = \frac{\bar{N} - N}{\bar{N}} - \frac{\bar{N} - N_f}{\bar{N}} = -\frac{N - N_f}{\bar{N}}$$

$$= \frac{-\eta(Y - Y_f)}{\bar{N}} \tag{9-7}$$

ところでマークアップ率 ν と労働投入係数 η は変化しないから、賃金変化率 $\Delta W / W_{-1}$ と供給価格の上昇率 π_s は等しい。したがって、(9-4)、(9-7) 式から、

$$\pi_s = \frac{P_s - P_{s-1}}{P_{s-1}} = \Delta W / W_{-1} = \pi^e - a(u - u_f)$$

すなわち、供給価格の上昇率 π_s は、

$$\pi_s = \pi^e + \varepsilon(Y - Y_f) \tag{9-8}$$

$$\text{ただし } \varepsilon = \frac{a\eta}{\bar{N}} > 0$$

のように書き表すことができるだろう。これは、時間が経つにつれて供給価格が変化する、期待が組み込まれた動学的総供給曲線、すなわち**インフレ供給曲線**といわれるものである。(9-8) 式から、供給価格の上昇率 π_s が期待インフレ率 π^e に等しいとき、完全雇用 Y_f が達成されることになる（図9-2の点 F）。

今期の供給価格の上昇率 π_s と期待インフレ率 π^e が食い違うとき、将来についての予想が改定されると考えるのは自然である。そこでいま、産出水準 Y が完全雇用水準 Y_f を超えて景気が過熱し（不況で Y が Y_f を割り）、π_s が π^e を上回る（下回る）と、予想が修正され期待インフレ率 π^e は大きくなる（小

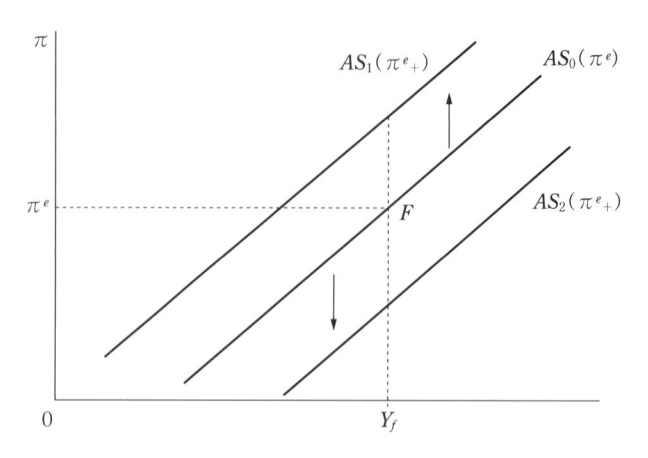

図 9-2　インフレ供給曲線のシフト

さくなる）としよう。そうすると図 9-2 でみられるように、インフレ供給曲線は上方に（下方に）シフトするだろう。企業側が、好況で供給価格を前期に予想した期待インフレ率以上に値上げできれば、労働者側もやがてそれに気づいて今期には次期の期待インフレ率 π^e_+ を上方に改定し、貨幣賃金の値上げを要求する。こうしてインフレ供給曲線は上にシフトするのである（逆は逆）。

ところで (9-4) 式と (9-8) 式を見比べてみると、

$$-a(u-u_f) = \varepsilon(Y-Y_f) \tag{9-9}$$

であることがわかるが、これは左辺で示された労働市場の状態と右辺の財市場の状態が逆の相関になっていることを示している。この、好況であれば労働市場は逼迫し、不況で産出水準が下がれば失業も増大する関係を明らかにした法則を、発見者の名にちなんで「オークンの法則」という。

5　インフレ需要曲線

$IS \cdot LM$ 図式から得られる総需要曲線は、前章でも述べたように、①金融当局の緩和政策でマネーサプライ M が増える、

②政府支出 G が増加する、

この2つの政策のいずれか、あるいは両方が起これば右にシフトする。また、物価が下落すれば総需要は増加する。そこで、総需要 Y_d は実質マネーサプライの増加率

$$\frac{\Delta(M/P)}{(M/P)} = \frac{\Delta M}{M} - \frac{\Delta P}{P} = (m - \pi)$$

や政府支出の増加率 $\Delta G/G = \xi$ に比例して増加する、と考えよう（ただし $m = \Delta M/M$）。

$$Y_d - Y_{-1} = \alpha(m - \pi) + \beta \xi \tag{9-10}$$

α は実質マネーサプライの増加がどれだけ総需要を増やすかを示す通貨乗数であり、β は政府支出の増加がどれだけ総需要を増やすかを示す政府支出乗数と考えられる。

政策当局は物価に直接はたらきかけることはできないから、名目マネーサプライの増加率 m や政府支出の増加率 ξ をコントロールして今期の総需要 Y_d を調整することになる。(9-10) 式をインフレ率 π について書き改めれば、

$$\pi = m + \frac{\beta}{\alpha} \xi - \frac{1}{\alpha}(Y_d - Y_{-1}) \tag{9-11}$$

が得られる。この式から、インフレ率が上昇すれば、総需要が減少することがわかるであろう。この、インフレ率 π と総需要 Y_d の関係を表したグラフを**インフレ需要曲線**という。

(9-10) 式で、政府支出の増加率 ξ がゼロで、インフレ率 π が名目マネーサプライの増加率 m_0 に一致している場合を考えよう。このとき今期の総需要 Y_d は、前期に成立した産出水準 Y_{-1} に等しくなる。もしインフレ率が m_0 を下回れば、今期の総需要は前期の産出水準を超えて増加し、反対にインフレ率が m_0 以上に上昇すれば総需要は前期の産出水準よりも減少する。こうして得られる右下がりのインフレ需要曲線の傾きが $-(1/\alpha)$ になるのは、(9-11) 式からおのずと明らかであろう（図9-3）。

図9-3 を使って、金融緩和と政府支出の増加による景気対策の効果をみて

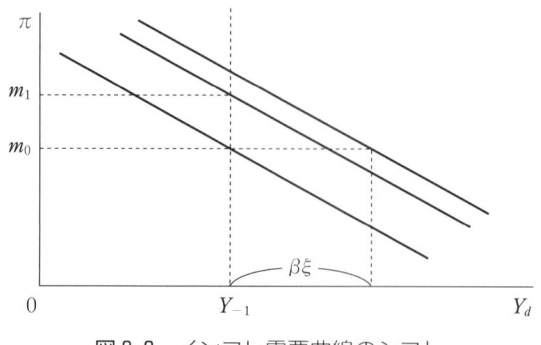

図 9-3 インフレ需要曲線のシフト

おこう。まず名目マネーサプライの増加率が m_1 に上昇するとしよう。そのときそれぞれの総需要水準におけるインフレ率は $m_1 - m_0$ だけ上昇するだろう。したがってインフレ需要曲線は (Y_{-1}, m_1) の点まで上方にシフトする。また政府支出が ξ の割合だけ増加すると総需要水準は $\beta\xi$ 増加する。このときはインフレ需要曲線はその分だけ右にシフトする。以上から、インフレ需要曲線は、金融の緩和で m が大きくなっても政府支出が ξ の割合で増加しても、右上にシフトすることがわかるであろう。

6　短期の動学均衡

経済は、時間が経過する中で常に調整されている。そこで、ミクロの個別市場で価格が上下して需要と供給が調整され、やがて需給一致の均衡が成立するように、マクロでも毎期ごとに総供給と総需要が調整されて均衡が成立すると考えよう。図 9-4 は、インフレ供給曲線 π_s とインフレ需要曲線 π が交差する点 E が今期の均衡になることを表している。いま、政府支出は増加せず（$\xi=0$）、毎期かならず均衡が回復すると仮定すると、$\pi_s = \pi$、$Y = Y_d$ だから、(9-8) 式と (9-11) 式を等号で結んで、

$$\pi^e + \varepsilon(Y - Y_f) = m - \frac{1}{\alpha}(Y - Y_{-1}) \tag{9-12}$$

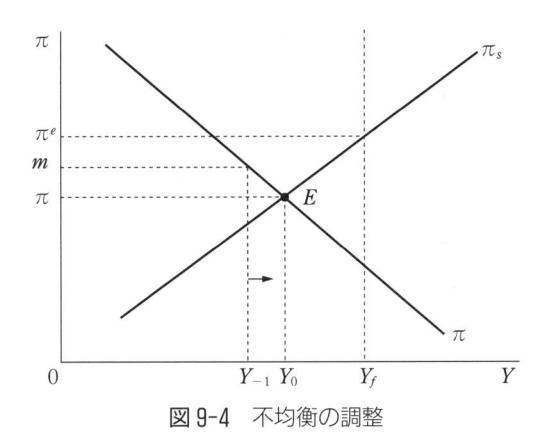

図 9-4　不均衡の調整

が成立する。この式から、今期の均衡する総需要＝産出水準 Y は、期待 π^e の大きさや完全雇用産出水準 Y_f、名目マネーサプライの増加率 m、景気水準がインフレ率に与える影響を示した係数 ε、貨幣乗数 α、そして前期の産出水準 Y_{-1} によって決まることがわかる。

　いま今期の均衡水準 Y_0 とは異なるところに総需要水準＝産出水準 Y が決まったとしてみよう。そしてインフレ率と供給価格の上昇率の乖離は今期の内に Y の変化によって調整されると仮定する。すなわち、Y の変化を dY、$Y = Y_0 + \varDelta Y$ として、Y はインフレ率が供給価格の上昇率を上回れば増加すると考えると、dY は、

$$dY = \phi(\pi - \pi_s) = \phi\{m - \frac{1}{\alpha}(Y - Y_{-1}) - \pi^e - \varepsilon(Y - Y_f)\}$$

　　　ただし調整パラメータ $\phi > 0$。

のように表されるだろう。Y_0 は均衡値だから、$\pi(Y_0) = \pi_s(Y_0)$。したがって、

$$dY = -\phi(\frac{1}{\alpha} + \varepsilon)\varDelta Y \tag{9-13}$$

　　　ただし $\phi(\frac{1}{\alpha} + \varepsilon) > 0$

が成立する。この式は、今期の総需要すなわち産出水準 Y が均衡水準 Y_0 よりも大きいと（$\Delta Y > 0$）、dY が負になって Y は減少することを意味している。ΔY が負なら dY は正で、Y は増加するだろう。このように今期の産出水準の調整が、インフレ率と供給価格の上昇率の差に依存して調整されるならば、均衡点は安定であることが保証される。ここでは、経済の需給ギャップは数量で調整されているので、**マーシャル的調整**[2]が想定されていることになる。

図9-4において動学的な短期均衡を示す点 E では、インフレ率 π は名目マネーサプライの増加率 m よりも低い。したがって次期には（9-11）式の Y_{-1} のところに今期の Y_0 が入ることに注目すれば、次期のインフレ需要曲線が上方にシフトすることは直ちにわかるであろう。また点 E では期待インフレ率 π^e と現実のインフレ率 π は一致していない。したがって期待は変更され、それにつれてインフレ供給曲線もシフトする。こうして均衡点 E は時間が経つとともに移動していくだろう。この長期的な経済均衡の推移をみるためには、期待の変更の仕方についてさらなる検討が必要である。

7　期待の形成：適応的期待仮説

人々は将来を予想して期待を形成し、しばしばその期待が経済の原動力にもなる。いま経済が不況に陥って、現実のインフレ率が期待インフレ率に達しなかったとしよう。このとき労働者側が期待インフレ率に従って賃上げを要求すれば企業のマークアップ率は落ち、生産水準は引き下げられて雇用も減らざるをえない。労働者はインフレ率が期待インフレ率を下回ったためにやがて期待どおりの賃上げが困難だと悟るようになるだろう。こうして貨幣賃金率も切り下げられていく。このように今期のインフレ率がその水準について前期に予想された期待インフレ率と異なれば、今度は、人々は、次期のインフレ水準についての期待を変更するだろう。こうして時間が経つにつれ変化する経済では、現実のインフレ率と期待の形成は互いに影響し合うこと

がわかるであろう。期待は、本来、人々が主観的に判断して形成されるものだから、これを精密に理論化するのは難しいが、ここでは有名な「適応的期待仮説」を解説してみよう。

人々は、厳密にいえば瞬間瞬間いかに行動するかについて意思決定を迫られている。「温故知新」という言葉があるように、次期に影響を与える現在の意思決定は、通常、過去の経験に照らして形成されると考えてよいであろう。そこで、今期の期待インフレ率 π^e は、前期の期待インフレ率 π^e_{-1} と前期の実際のインフレ率 π_{-1} の加重和によって形成される、と考えてみる。このとき π^e は、$0 \leq \lambda < 1$ として、

$$\pi^e = \lambda \pi^e_{-1} + (1-\lambda) \pi_{-1}, \qquad 0 \leq \lambda < 1 \tag{9-14}$$

と表される。前期の期待インフレ率 π^e_{-1} が前期の実際のインフレ率 π_{-1} に一致すれば、今期も期待を変更する必要はない（$\pi^e = \pi^e_{-1} = \pi_{-1}$）。もし前期の期待が外れれば、人々は今期には期待を変更し、その値を前期の予想値 π^e_{-1} と前期の実現値 π_{-1} の中間のどこかに決めるであろう。$\lambda = 0$ の場合を、「静学的期待」、あるいは「近視眼的期待」といい、今期の期待は前期の実現値の水準に一致して、それよりも以前の古い情報は今期の期待形成には使われない。たとえば前期に５％のインフレが起こっていれば今期もインフレ率は５％だろうと予想されるわけである。

さて、(9-14) 式の右辺の π^e_{-1} について、それもやはり２期前の期待インフレ率 π^e_{-2} と２期前の実現値 π_{-2} の加重和になり、３期以前についても同じ仕方で期待形成がなされるならば、結局、今期の期待インフレ率は、過去の実現値を等比級数でウェイトづけした加重和になることがわかるであろう：

$$\pi^e = (1-\lambda)(\pi_{-1} + \lambda \pi_{-2} + \lambda^2 \pi_{-3} + \lambda^3 \pi_{-4} + \cdots + \lambda^n \pi^e_{-n-1}) \tag{9-15}$$

等比 λ が１よりも小さいため、過去のインフレ率に遡るほどその現在への影響は小さくなることに注目しておこう。こうした、過去の経験に照らして予想を修正していく期待形成の方法を「適応的期待」という。

8 短期均衡の移動と長期均衡の成立

　短期に均衡が成立しても、それが完全雇用水準と異なれば次期にはその均衡状態は崩れてしまう。こうした時間の経過とともに期待が変更され、それに伴って変化する経済の性質を検討するため、適応的期待の仮説を応用してみよう。各期に常に均衡が成立することを表した (9-12) 式と、期待が、現実のインフレ率に照らした過去の期待の修正によって形成される様子を示した (9-14) 式を、1 期前にずらしたインフレ供給曲線 ((9-8) 式) によって修正した式から、われわれは次のような連立方程式を得る。

$$Y - Y_{-1} = \alpha \{ m - \varepsilon (Y - Y_f) - \pi^e \}$$
$$\pi^e - \pi^e_{-1} = (1 - \lambda)(\pi_{-1} - \pi^e_{-1}) = (1 - \lambda)\varepsilon(Y_{-1} - Y_f) \qquad (9\text{-}16)$$

以上の連立差分方程式によって表される、産出水準と期待インフレ率の時間の経過に伴う動きをみてみよう。産出水準の変化を表した式の右辺にある今期の変数を前期の変数で表されるように変形して整理すると、

$$\Delta Y = Y - Y_{-1} = \frac{\{ m + \varepsilon(2-\lambda)Y_f - \varepsilon(2-\lambda)Y_{-1} - \pi^e_{-1} \} \alpha}{1 + \alpha\varepsilon} \qquad (9\text{-}16')$$
$$\Delta \pi^e = \pi^e - \pi^e_{-1} = (1 - \lambda)\varepsilon(Y_{-1} - Y_f)$$

が得られる。この式で示される変数の動きをグラフに描いたものが図 9-5 である。$\Delta Y = 0$ と $\Delta \pi^e = 0$ の線は、今期の産出水準と期待インフレ率が前期のそれらと一致する状態を示している。もし前期の産出水準が傾きが $-\varepsilon(2-\lambda)$ の線よりも右側にあれば、今期の産出水準は減少し、左側にあれば増加する。一方、今期の期待インフレ率は、前期の産出水準が完全雇用水準を超えていれば前期の期待水準よりも高くなり、完全雇用水準を下回れば前期の水準よりも下方に修正されるだろう。こうしてこの経済では、どのような状態から出発しても、やがて産出水準は完全雇用水準に、期待インフレ率は名目マネーサプライの増加率に循環的に収束していくことがみてとれるのである（点 E が長期的な均衡点）。

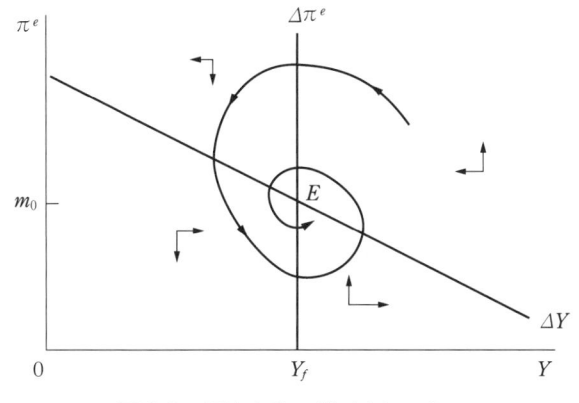

図 9-5　経済変動のダイナミックス

9　合理的期待仮説

もし人々が現実のインフレ率を正確に予想できるなら、期待インフレ率は実際に起こるインフレ率に等しく、

$$\pi^e = \pi \tag{9-17}$$

が成立する。このような期待形成を「合理的期待」という。人々が合理的であれば、インフレ率を予想するにあたって、適応的期待のように過去のインフレ率だけを頼りにするだけではなく、金融政策や財政政策、人々の嗜好の変化、政治や社会環境の変化、出生率や自然環境の変化など、将来に起こりそうなことも含めてその時点で入手可能なすべての情報を活用するだろう。こうして得られた情報をもとに形成された期待が常に正しいならば、各期に均衡が成立すると仮定し、インフレ供給曲線の (9-8) 式とインフレ需要曲線の (9-11) 式を等号で結んで、それに (9-17) 式を代入すると、

$$\pi = \pi + \varepsilon(Y - Y_f) = m + \frac{\beta}{\alpha}\xi - \frac{1}{\alpha}(Y - Y_{-1}) \tag{9-18}$$

を得る。(9-18) 式のインフレ供給曲線を表した部分から明らかなように、人々が常に合理的に期待を形成すれば、$Y = Y_f$ から各期の産出水準は必ず

完全雇用の水準に決まるのである。また、インフレ需要曲線の部分から、前期の産出水準も今期のそれもともに完全雇用水準 Y_f に一致するため、インフレ率は名目マネーサプライの増加率 m と政府支出の増加率の項 $(\beta/\alpha)\,\xi$ の和に等しくなる。1970年代に、人々の期待形成に関してこうした「合理性」の基準が持ち込まれたが、それは、ルーカス、サージェント、ウォレス、バローなど、「新しい古典派」と呼ばれるアメリカの経済学者たちの功績である。このモデルによれば、金融政策も財政政策もマクロの産出水準、すなわち景気にはまったく影響を与えることができない。政策当局が現在の経済状態 Y_f を不況だと判断して、中央銀行が名目マネーサプライの増加率を m_1 ($>m_0$)まで大きくしても、あるいは政府が公共投資を ξ だけ増やしても、人々がその水準で完全雇用が実現していると信じる限り、インフレ需要曲線を上に押し上げるそれらの政策は、結局、インフレーションに吸収されるだけである。とりわけ公共投資や減税による財政政策は国債発行の増加を伴うため、人々にその償還のための将来の増税を予想させ、現在消費を節約させるため、景気の浮揚効果は期待できない。バローは、この財政政策の無効性について初めてそれを指摘した D. リカードに敬意を表して、**リカードの等価命題**と呼んだ（図9-6）。

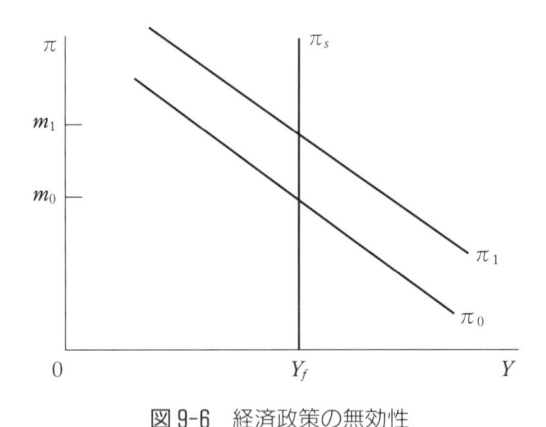

図9-6 経済政策の無効性

10 確率モデルと金融政策の効果

前節では合理的期待モデルの中でも極端な「完全予見」モデルについてみたが、実際には人々がいかに合理的に予想を形成するとはいえ、それがいつもかならず的中するとは信じがたい。そこで、期待インフレ率は確率的に形成されると考えてみる。突然ぼっ発する自然災害など、予想不可能な原因で引き起こされる不規則な景気変動を、供給価格の上昇率について攪乱項 ρ で、インフレ需要曲線に現れるインフレ率について ϕ で表し、それらの生起確率の平均的予想値（数学的期待値）は、前もって予測できないという意味でゼロ、またそれらの確率変数は互いに独立であると仮定する。常に短期均衡が成立するとすれば、供給価格の上昇率 π_s は現実のインフレ率 π に等しいから、インフレ供給曲線とインフレ需要曲線の式は、

$$\pi_s = \pi = \pi^e + \varepsilon(Y - Y_f) + \rho \tag{9-19}$$

$$\text{ただし } \varepsilon = \frac{a\eta}{N} > 0$$

$$\pi = m + \frac{\beta}{\alpha}\xi - \frac{1}{\alpha}(Y - Y_{-1}) + \phi \tag{9-20}$$

$$\pi^e = E(\pi) \tag{9-21}$$

という、確率を含んだ合理的期待モデルで表すことができるであろう。ここで E は期待値を計算する操作で、今期の期待インフレ率が期待を形成する時点（このモデルでは前期）で得られるあらゆる情報に基づいて計算されることを意味する。(9-19) 式と (9-20) 式の期待値をとると、

$$E\pi = \pi^e + \varepsilon(EY - Y_f) + E\rho \tag{9-19'}$$

$$E\pi = Em + \frac{\beta}{\alpha}E\xi - \frac{1}{\alpha}(EY - Y_{-1}) + E\phi \tag{9-20'}$$

不規則な攪乱項の期待値 $E\rho$、$E\phi$ をゼロと仮定したので、合理的な期待形成 $\pi^e = E(\pi) = E\pi$ と前期の完全雇用 $Y_{-1} = Y_f$ を考慮すると、結局、以下で

示されるモデル

$$EY = Y_f \tag{9-22}$$

$$\pi^e = E\pi = Em + \frac{\beta}{\alpha}E\xi \tag{9-23}$$

が、ルーカスら、合理的期待を主張する学派の考える世界であることがわかるのである。

期待が合理的に形成される限り、人々は常に完全雇用が達成される産出水準を予想し、インフレ率の期待値は、名目マネーサプライの増加率と財政政策についての期待値の和で与えられるであろう。

金融政策や財政政策が景気対策として打たれても、人々がそれらの政策をあらかじめ予想できるなら、その効果は、短期的にも期待できない。失業を政府の叡智でもって人為的に減らそうとするケインズ的な裁量政策は、マネタリストの主張をさらに強力にした「新しい古典派」の学者たちにはとうてい受け入れられるものではないのである。

11 インフレ・デフレと日本経済

1 日本のフィリップス曲線

もともとフィリップス曲線は長期にわたる貨幣賃金率の変化と失業率の関係のデータから得られた曲線であったから、日本についても1970年代から2002年にわたるデータをもとにグラフを描いてみよう。図9-7に示したように、この30年間のわが国のフィリップス曲線は、1970年代、1980年代、1990年代と、ほぼ10年ごとの3つの期間に分けて考察することができるだろう。

1970年代は、日本経済が第1次石油危機をきっかけに、それまでの製鉄や造船といった重厚長大型の高度成長期（60年代の成長率は年率約10％）から80年代の安定成長期に軌道修正していく過渡期と考えられる（70~80年代の成長率は約4％）。1973年の石油危機による急激なインフレーションの特徴は、

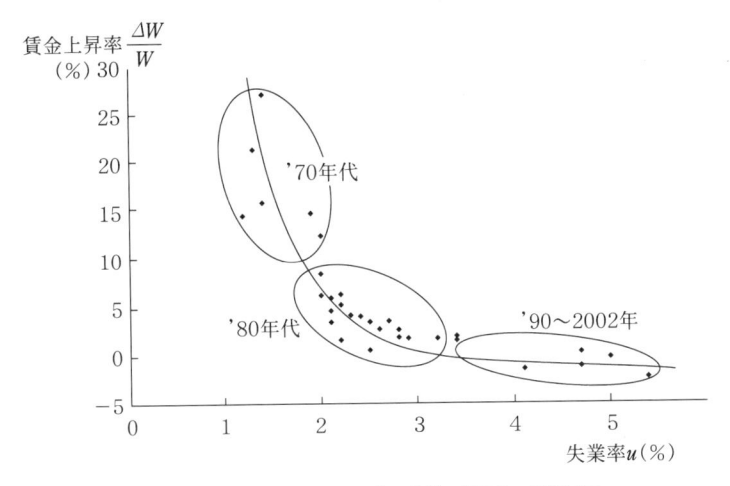

図9-7 日本のフィリップス曲線（1970〜2002年）

　主要な産油国のカルテル（OPEC）による原油の値上げに端を発し、燃料や原材料として使われる石油製品の値上げがほとんどの財やサービスの価格を押し上げた、典型的なコストプッシュ・インフレといえる。石油危機以降、アメリカやヨーロッパの主要国は、インフレと不況による高失業率の共存という、フィリップス曲線では説明できない現象に見舞われた。これを「スタグフレーション（「停滞」のstagnationとinflationを一緒にした造語）」という。欧米では、この時期の失業率が8％前後に達したにもかかわらず、インフレ率は年によっては10％以上を記録した。アメリカの場合、自然失業率が5％で、石油危機以前の、自然失業率近くにあった経済のインフレ率が3〜6％だったことを勘案すると、70年代後半から80年代前半にかけてみられた現象は、フィリップス曲線の右上方への連続シフトで説明できるだろう。日本の70年代は、失業率が2％前後に抑えられたことをみても、他の先進諸国に比べてスタグフレーションによるダメージが比較的軽微であったことがわかる。

　石油を中心とした資源価格の高騰や、主に東南アジアや中国など新興諸国の台頭、そして自然環境対策などから、80年代は日本の経済構造が、自動

車や精密機器などいっそう高付加価値型の産業やサービス産業の比重の増大に向けて大きく転換した時代である。ちなみに今日の各産業のGDPに占める比率をみてみると、農林水産業は全体のわずか2％にすぎず、製造業は20％、一方、卸売・小売業、金融、運輸、そしてサービス業など非製造部門の生産高の割合は優に50％を超えている。90年代になると、縦軸に消費者物価上昇率をとった日本のフィリップス曲線は、94年以降ほぼ水平、もしくは緩やかな右下がりの線を描くようになる。消費者物価上昇率がGDPデフレータなどに比較して1％以上高めの数値を示す事実を考慮すると、95年以降の日本のインフレ率はほぼ一貫してマイナス、すなわちデフレーションに陥っており、最近の失業率はなんと5％に達している。この状況をフィリップス曲線の式

$$\frac{\Delta W}{W_{-1}} = \pi^e - a(u - u_f), \qquad a > 0 \qquad (9\text{-}4)$$

の期待インフレ率と現実の賃金上昇率の調整係数 a の大きさに照らしてみて、労働者の貨幣錯覚が大きくなった、という主張がある（a が小さくなった）。これは、労働者は失業率が上昇しているにもかかわらず名目賃金の水準の維持に固執し（賃金の下方硬直性）、潜在的に過剰な供給能力の存在や財市場の需給ギャップの解消に、価格メカニズムではなく生産量の調整、ひいては雇用量の削減で対応せざるをえない状態である、と考えることができる（反対に70年代は、a の値は大きかった）[3]。

2 インフレとデフレ

インフレーションは長い間、「社会的害悪」と考えられてきた。これは先進国においても、とりわけ第1次世界大戦後のドイツや第2次世界大戦後の日本など、極度のインフレを経験した国々に共通する社会的通念となっている。たしかに貨幣賃金率があまり上がらないのに物価だけが上昇するのであれば、それは人々の購買力の低下を意味し、生活苦につながるだろう。しかし、インフレがもし同時に同じ割合で賃金率の上昇を伴うならば、実質賃金

率は変化しない。一般にインフレが続くときには、将来の貨幣価値（貨幣の実質残高 M/P）の減少が予想され、人々は現在の消費を活発化させるだろう。企業も将来収益の好転を期待したり、資材の安価なうちに生産能力を拡張しようとして投資を増やすだろう。こうしてインフレ下では、有効需要が増え景気もよくなるはずである。

　不況で有効需要が不足し物価が継続的に低下する状態を**デフレーション**という。日本は 2003 年時点で 12 年間も続く不況に苦しんでいる。最近（2005 年時点）景気の回復傾向が見られるとはいえ、現在の 5％弱の失業率は 1980 年代までの失業率の 2 倍以上で、20 代の若年層に至っては 10％を超えるともいわれている。2 万件近い企業の倒産件数も戦後最悪の状態で、しかも企業の「廃業率」が「開業率」を大幅に上回る事態が長期間続いているのである。デフレは、インフレとは反対に貨幣価値を上昇させる。お金を持っている人々は、待てば待つほどモノが安く買えるので、なかなか消費を増やそうとはしないだろう。企業の側も、不況が深刻化すれば将来不安の高まりから思いきった投資は難しくなる。名目金利からインフレ率を差し引いた「実質金利」は、デフレの進行とともに上昇する。中央銀行がいくら前代未聞の「ゼロ金利」政策で景気浮揚をはかろうとも、実際の貸出金利が 2～3％であることを勘案すると、マイナス 2％のデフレ下で実質金利は 5％以上に感じられるだろう。実質金利が高く将来の収益も期待できなければ、企業は借金してまで投資しようとはしない。銀行も借手企業の倒産リスクの高まりから、貸出に慎重にならざるをえないだろう。こうして不況はますます深刻化するのである。

③　債権者と債務者の対立

　物価の変動はそれだけで社会的な対立を生み出す。インフレは貨幣価値の低下をもたらすので、お金持ちや固定的な所得しか得られない年金生活者にとって著しく不利である。国債や金利固定型の金融商品を持っている人にとっても被害は大きいだろう。一方、債務者にとっては、その借金の実質価値の目減りから、インフレは一種の徳政令的性格を持つ。銀行から多額の借金

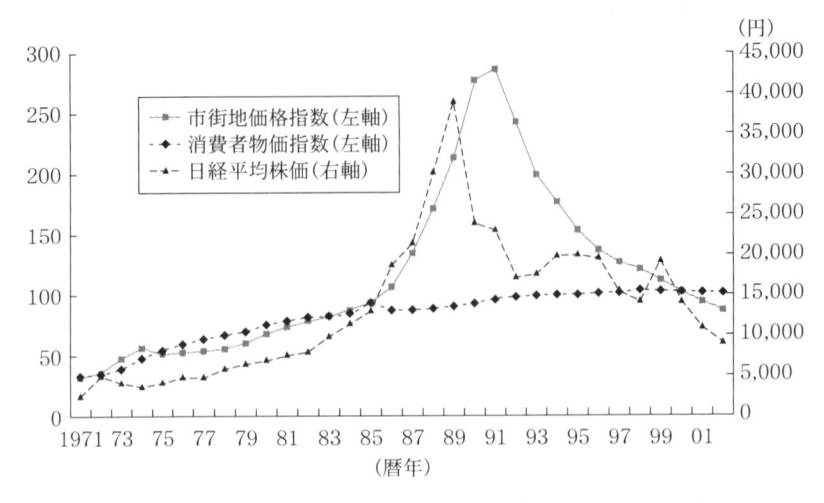

図 9-8　株価・地価と消費者物価指数の推移（2000 年＝100）

注：1）総務省統計局「市街地価格指数」の数字は六大都市全用途平均（2003 年 3 月末＝100）。
　　2）総務省統計局「平成 12 年基準消費者物価指数」の数字は全国総合指数（2000 年＝100）。
　　3）NIKKEI NET「日経平均プロフィル」の数字は各年次末の終値。
出所：総務省統計局「市街地価格指数」「平成 12 年基準消費者物価指数」、NIKKEI NET「日経平均プロフィル」

をしている企業も、大量の国債を発行している国もともに債務者であり、インフレが進めば借金の負担は大幅に軽減されるだろう。反対にデフレは負債の実質価値の上昇を招き、債務者の負担感は大きくなる。こうした個々人の努力や意思とは無関係な強制的「所得再分配」は、社会的に決して好ましいことではない[4]。

4　バブルとその崩壊

日本では最近のデフレを除いては、物価はここ 20 年間ほぼ安定していた。しかし物価の指標である消費者物価指数も GDP デフレータも、これらはフローの価格変化率を示したものである。一方でストックの株や土地の価格は、この間、大きく変動した。1980 年に 6000 円台だった日経平均株価は 1986

年頃から急上昇し、1989年末には過去最高の3万8915円をつけた。しかしその直後に急反転し、たった1年でほぼ半額にまで暴落したのである。

　株価の水準はその後、一進一退を繰り返し、現在の日経平均は1万円前後で推移している。日本の株価は過去20年の間で5倍以上になり、そしてピーク時から4分の1にまで下がってしまった。地価についてもその変動は激しく、1980年の市街地価格を50とすると1991年にはそれは110にまで高騰し、その後はずるずる下がり続けて、現在の市街地価格は60程度である。同じ期間の都心部の地価変動はもっと激しく、現在はピーク時の5分の1とまでいわれている。

　経済の成長力や収益性、自然失業率の下での金利状態などを**ファンダメンタルズ**という。そして資産価格 P_a は通常、このファンダメンタルズを反映して形成される。人々は資産の売買について、その市場価格がファンダメンタルズに基づく価格より低ければ、割安と判断して買いに殺到し、逆にそれを上回れば高いうちに売ってしまおうと思うだろう。一般に資産市場ではすべての資産価格がマーケットメカニズムを通じてすみやかに調整される。こうした考え方を**効率的市場仮説**という。国債などの安全な債券から得られる利子率を r、株や土地の保有で得られる収益率を R、危険資産の保有に伴うリスクを δ とすると、資産市場では次のような**裁定取引**

$$R - \delta = r \tag{9-24}$$

が成立する[5]。ところで資産の収益率 R は、その一定期間の保有によって得られる収入 d と値上がり分 ΔP_a を購入価格 P_a で割った値だから、R は、資産価格の上昇率すなわち「**キャピタルゲイン $\Delta P_a / P_a$**」を g_a として、

$$R = \frac{d + \Delta P_a}{P_a} = \frac{d}{P_a} + g_a \tag{9-25}$$

で表される。この式を上の裁定取引の式に代入すれば、資産価格 P_a の値を求めることができるであろう。

$$P_a = \frac{d}{r + \delta - g_a} \tag{9-26}$$

この式からわかるように、資産価格の水準は一般に、その資産から得られる収入、キャピタルゲイン（あるいはキャピタルロス）、保有リスク（δを**リスクプレミアム**という）、ならびに安全資産の利子率 r によって決まるといえよう。

以上の資産価格についての理論に基づけば、1980年代の株価のバブルは、配当 d と利子率 r を別にすれば、キャピタルゲイン g_a の上昇でほぼ説明がつく。すなわち、株の値上がり期待それ自体で実際の株価が上昇したのである。地価の高騰も、地代収入に相当する d を別にすれば、やはりそのキャピタルゲインだけで理解できるだろう。問題は、そのキャピタルゲインの実体的根拠が乏しいときに発生する。資産価格が、そうしたキャピタルゲインによって、その国の成長力や企業の収益力などのファンダメンタルズに基づく理論値から理由もなく大幅に乖離するとき、その乖離幅を**バブル**という。バブルは、根拠のないあぶくのようなものだから、いつかは破裂してしまうだろう。現在の株安や地価の暴落も、キャピタルロスで大方説明できる。加えて、リスクプレミアム δ も不況下では大幅に高まっているであろう。

もう1つ、こうした資産デフレで恐いのは、担保価値の下落である。一般に多くの銀行は、借り手の企業に対してその資産を担保に貸付を行っている。資産価格が下がれば担保価値が下落し、銀行は借手に対する信用枠を縮小せざるをえない。借り手の企業からみて仮に将来有望な投資案件でも、十分な担保を差し出せないだけで銀行融資を受けられないケースが多い。また不況下ではしばしば貸出が不良化し、それは不良債権となって銀行のバランスシートを毀損する。こうして金融までもがマヒすると、不況がどんどん悪化する**デフレスパイラル**が発生する。

以上の説明でも明らかなように、インフレやデフレは社会に深刻な問題を引き起こす。また、とりわけ富が十分に蓄積された先進国において、ストックの価格変動の経済に与える影響が近年ますます注目されてきているが、残念ながらそれがマクロ経済のパフォーマンスにいかに作用するかについての首尾一貫した理論はいまだ存在していない。

注

[1] (9-1) 式の貨幣賃金の変化率を期待実質賃金の変化率$\varDelta(W/P^e)/(W/P^e)$ で置き換え、計算すると $(\varDelta W/W)-(\varDelta P^e/P^e)=-a(u-u_f)$ を得る。
[2] 不均衡の調整には、価格の変化で行うワルラス的調整と、数量の変化で行うマーシャル的調整がある。
[3] フィリップス曲線の解釈については、たとえば Hall and Taylor (1991), chap. 17 や平澤 (1995) 第7章などを参照せよ。
[4] アメリカのケインジアンの大御所の1人でノーベル賞受賞者のトービンは、景気や物価変動による債権者と債務者の利害対立をとりわけ強調した。Tobin (1980) を参照せよ。
[5] 価格や収益率の違いから利鞘を稼ごうとする行動を「裁定」という。裁定取引の結果、異なる投資機会からの利益率に差がなくなる。

参考文献

平澤典男『マクロ経済学基礎理論講義』有斐閣、1995年

Hall, R. E. and Taylor, J. B., *Macroeconomics*, 3rd ed., New York : Norton, 1991. (森口親司監訳『マクロ経済学』多賀出版、1994年)

Phillips, A. W., "The Relation Between Unemployment and the Rate of Change of Money Wage Rates in the United Kingdom, 1861-1957," *Economica*, November 1958.

Tobin, J., *Asset Accumulation and Economic Activity*, Oxford : Blackwell, 1980. (浜田宏一・薮下史郎訳『マクロ経済学の再検討』日本経済新聞社、1981年)

第 10 章

経済の変動と成長

1 経済変動の分析

これまで、財貨市場、貨幣市場、労働市場における均衡について学んできたが、経済が均衡状態から離れたとき、どのような経路をたどって時間的に推移していくのか、さらには再び均衡に至る保証はあるのか、またそのための条件は何かといったことはまだ考察していなかった。

たとえば、第 7 章で学んだ $IS \cdot LM$ 分析を例にとると、海外を無視しておいて経済が図 10-1 の点 E で均衡していたとする。ここで、何らかの事情によってマネーサプライが増大したとすれば、LM 曲線が下方にシフトし、

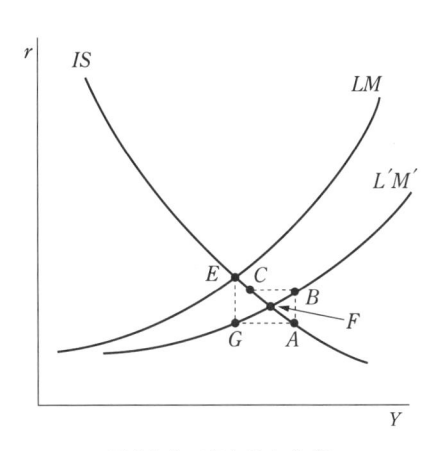

図 10-1　安定的な均衡

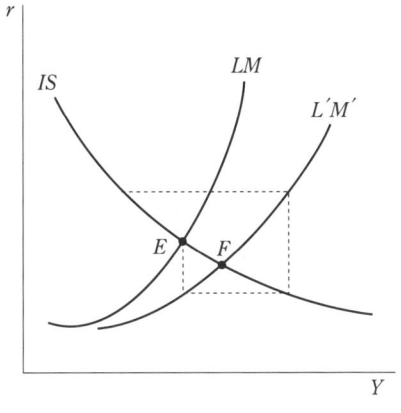

図 10-2　不安定な均衡

新しい均衡点に至るのであった。

　この均衡点 F に至る過程を次のように考えてみよう。マネーサプライの増大により利子率が下落して、経済はまず点 G に至る。そして点 G では、財貨市場において超過需要が発生しているので、Y が増大して点 A に至る。ところが点 A では、貨幣市場において超過需要が発生しているので、r が増大して点 B に至る。点 B では、財貨市場において超過供給が発生しているので、Y が減少して点 C に至る、といった具合に点 F へ近づいていくと考えるわけである。この解釈は、第 7 章での説明と何ら矛盾するものではない。

　ところで、$IS \cdot LM$ 曲線が図 10-2 のように描かれているとしよう。このとき、点 E からマネーサプライの増大によって移動していく経済の経路は点 F に収束せずに、逆に発散してしまう。このように発散してしまうとき均衡は不安定であるといい、図 10-1 のように収束するとき均衡は安定的であるという。この事例では、安定的であるための条件は、IS 曲線の勾配の絶対値が LM 曲線の勾配より大きくなることである。

　こうした均衡に至る過程や均衡の安定性を分析することを動学と呼んでおり、経済変動や経済成長を分析するうえでの基盤となっている。これから、その経済変動と経済成長について学んでいくことにしよう。

2　経済の変動

　まず、経済変動から説明しよう。経済変動には、景気循環のほかに、長期的趨勢、すなわち景気の変動を貫いて存在する長期にわたる傾向的な動き、さらには年末やボーナス期の売り上げ増にみられるような季節的変動、その他の不規則変動などがあるとされるが、このうち景気循環が最も経済学者の関心の的となり、多くの研究がなされてきている。

　景気循環の具体的な表れは、生産、雇用、所得、物価の変動という形をとり、その変動の局面は、図 10-3 のように説明される。

図10-3 景気の局面

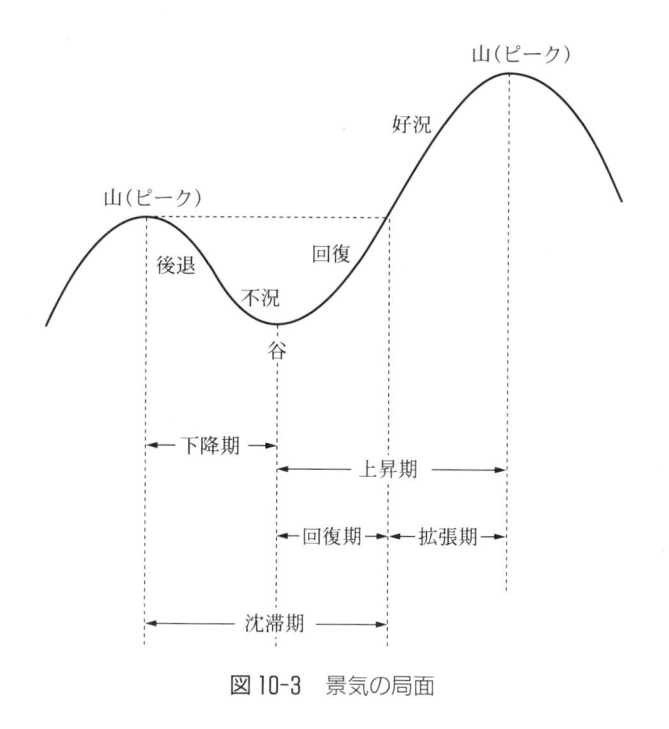

　図10-3の「好況」の局面では、企業活動は活発になり、生産や雇用が伸びて所得も増大し、物価の上昇も生じる。しかし、やがて需要が生産の伸びに追いついていくことができず、売れ残りが目立つようになると、生産や雇用は減少に向かい、所得も下落して「後退」局面に入ることになる。後退がとくに急激に進行する現象を「恐慌」といい、逆に緩やかで谷が浅い場合をリセッションともいう。「不況」の局面では、企業の倒産や失業の増大が表れるが、何かをきっかけに「回復」局面を迎え、生産や雇用ひいては所得が再び上昇をはじめる。

　それでは、そうしたきっかけとは何であろうか。これは、景気の周期とも関連がある。周期とは、景気の山から山まで、または谷から谷までの期間をさすが、50年あまりにわたる長期波動、10年あまりの波動、3年あまりの短期波動が有名である。

第10章　経済の変動と成長　185

長期波動は、その発見者 N. D. コンドラチェフの名をとって、**コンドラチェフの波**とも呼ばれている。この波動が生じる原因としては、技術革新があげられる。J. A. シュンペーターは 18 世紀末を谷として 19 世紀半ばを谷とする長期波動の原因は繊維と蒸気を中心とした産業革命の進行にあったとしており、さらに 19 世紀半ばの谷から 19 世紀末を谷とする長期波動の原因は、蒸気と鉄鋼に支えられた鉄道建設の隆盛にあったとしている。

　10 年あまりの波動は、その発見者 J. C. ジュグラーの名をとって、**ジュグラーの波**とも呼ばれている。この波動が生じる原因としては、投資の中でも中核的役割を果たす設備投資の循環があげられる。この循環は、図 10-4 のように示すことができる。

　横軸には資本ストックの伸び率がとられており、設備投資がプラスであれ

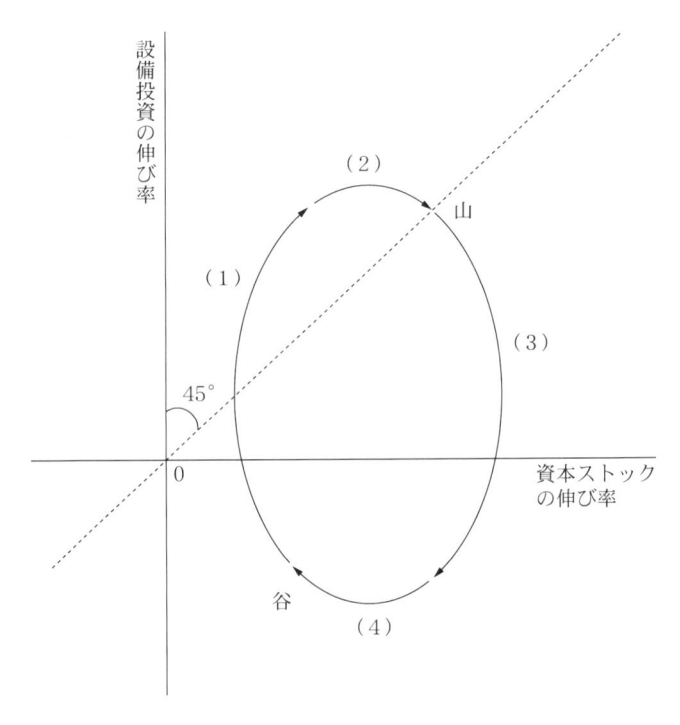

図 10-4　設備投資の循環

ば資本ストックは増加するという関係にある。まず、(1)で示されているのは回復期である。この時期には企業は資本ストックの不足を感じはじめ、設備投資を増大させる。(2)は拡張期にあたる。すなわち、設備投資が高水準の増加を続ける中で、資本ストックの伸びも次第に高まってくる局面である。こうして景気の山を越えると(3)に示されるように、望ましい資本ストックがほぼ達成され、設備投資の伸びが低下しはじめることになる。さらに、下降期においては(4)に示されるように、設備投資の低下が資本ストックにも及び、資本ストックの伸びも低下することになる。しかし、やがては景気も谷を迎え、企業が資本ストックの不足を感じはじめるときがくる。そこで、再び回復期がやってくるのである。

　3年あまりの短期波動は、その発見者J.キチンの名をとって、**キチンの波**とも呼ばれている。この波動が生じる原因としては、在庫投資の循環があげられる。企業が先行きの景気上昇を見込んで在庫を増やそうとすると、それだけ生産活動が活発になり、景気上昇に弾みがつくが、逆に企業が手持ち在庫が多すぎると判断し、在庫減らしを進めはじめると、需要に対して在庫の取り崩しで対応してしまうので、生産活動は鈍化してしまう。こうした循環は図10-5に描かれている。

　この図10-5は、横軸にストックとしての在庫水準の伸びを、縦軸に出荷の伸びをとっている。(1)は回復期にみられる、意図せざる在庫減少局面である。このときには、企業が考えている以上に出荷が伸びはじめるため、手持ちの在庫が減ることになる。(2)は景気が拡張期に入ったときに生ずる、意図した在庫の積み増し局面である。企業は景気が拡大していることを実感して、将来の需要に備えて積極的に在庫を増やすようになる。このときには、需要の増加以上に在庫増の分だけ余計に生産が増えるので、景気の拡大傾向に弾みがつくことになる。(3)は景気が後退しはじめたときに生じる、意図せざる在庫増加局面である。今度は企業が考えている以上に出荷が鈍化しはじめるため、思うように在庫がはけず、在庫の増加が生ずることになる。(4)は不況期に生ずる、意図した在庫の減少局面である。企業は景気が悪化しているこ

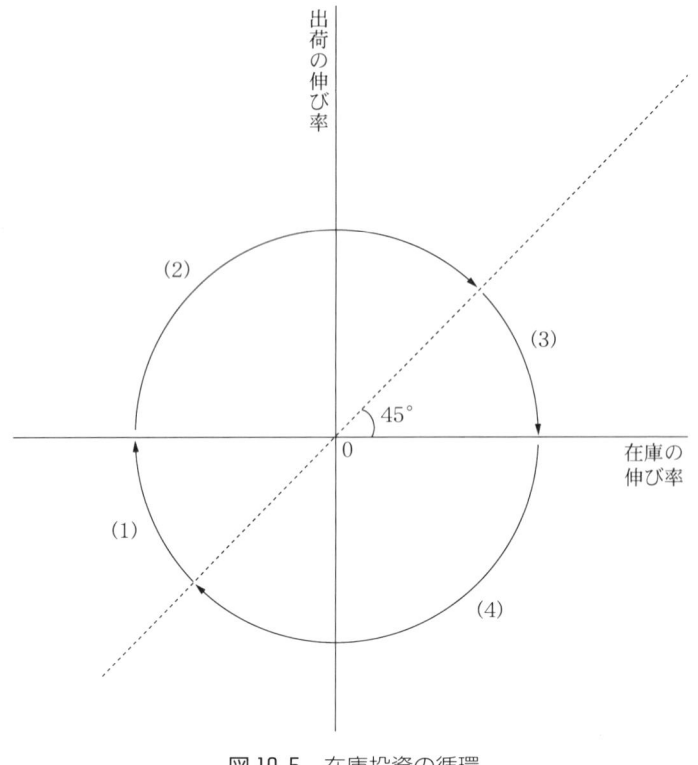

図10-5 在庫投資の循環

とを実感し、過剰な在庫を減らそうとして、生産をさらに抑制する。このときには、需要の鈍化以上に在庫減少分だけ余計に生産が減ることになるので、景気の後退が加速することになる。

経済学においては、こうした景気循環に対する説明とは別に、投資と所得との関連に注目した理論があるので、紹介しておきたい。

1 乗数理論

すでに、投資と所得との関連については、第6章で乗数理論を学んだ。すなわち、財貨市場における総供給を Y とおくと、総需要は $C+I+G+NX$

と表されるので、財貨市場の均衡は
$$Y = C + I + G + NX \tag{10-1}$$
と書くことができる。ところで、消費 C は Y との間に
$$C = B + cY \tag{10-2}$$
という関係があるので（B は基礎消費であり、c は限界消費性向である）、
$$Y = B + cY + I + G + NX \tag{10-3}$$
となり、Y について解けば、
$$Y = \frac{1}{1-c}(B + I + G + NX) \tag{10-4}$$
を得る。したがって、投資が ΔI だけ増えたとき、国民所得 Y の増分 ΔY は
$$\Delta Y = \frac{1}{1-c}\Delta I \tag{10-5}$$
と書くことができて、投資の増分の $\left(\dfrac{1}{1-c}\right)$ 倍だけ国民所得が増大することがわかる。この $\left(\dfrac{1}{1-c}\right)$ を投資乗数と呼ぶのであった。

ところで、こうした乗数理論のほかに、投資と所得との関連を示す定理として、加速度原理と利潤原理というものが知られている。そして、それらを組み合わせて景気循環を説明する理論が提案されている。そこで、まずは加速度原理を説明し、それと乗数理論を組み合わせた景気循環の理論を紹介することにしよう。

2 加速度原理

加速度原理とは、投資が国民所得の増分に比例するというもので、
$$I = v\Delta Y \tag{10-6}$$
という形で表される。この原理は以下のようにして導かれる。

t 期における企業の産出能力を Q_t、次期首に企業が保有したいと思う産出能力を Q^e_{t+1} とすれば、その企業の投資需要は

$$I_t = v(Q^e_{t+1} - Q_t) \tag{10-7}$$

という形に書けることになる。ここで v は、産出能力の増加に対して、それを可能にする資本の増加量の比率であって、正常資本係数と呼ばれる。いま v は期ごとに変化せず、一定であると仮定しておく。

他方、現実に行われる投資は、現実になされた貯蓄に等しく、

$$S_t = v(Q_{t+1} - Q_t) \tag{10-8}$$

と書くことができる。

財貨市場が均衡しているもとでは、投資需要と現実に行われた投資が等しく、

$$I_t = S_t \tag{10-9}$$

であり、しかも現実の産出能力が国民所得に等しいとすれば

$$Q_{t+1} = Y_{t+1} \tag{10-10}$$

が成立するので、結局

$$I_t = v(Y_{t+1} - Y_t) \tag{10-11}$$

を得ることができる。

なお、加速度原理はあくまで $I = v\Delta Y$ という形で表現される関係をさしているので、(10-11) 式に代えて

$$I_t = v(Y_{t-1} - Y_{t-2}) \tag{10-12}$$

という形も含まれることを注意しておこう。

さて、以上から明らかなように、乗数理論は投資が国民所得に及ぼす波及効果を述べており、加速度原理は逆に国民所得が投資に及ぼす効果を述べている。この両者の結合によってさまざまな景気循環の理論が提案されているが、その基本となる考え方は次のようなものである。

貯蓄 S と投資 I が一致するところで均衡国民所得 Y が決定される。貯蓄は国民所得と消費 C との差であるが、消費は国民所得との間に (10-2) 式のような関係があるので、

$$S = Y - C$$
$$= Y - cY - B$$

$$= (1-c)Y - B \tag{10-13}$$

という関係が得られ、これを図示すると図 10-6 を得る。

　他方、投資は貯蓄のように国民所得との間に安定した関係はなく、むしろ不安定に運動すると考えられるので、同じ図 10-6 に書き加えられているように、いろいろなケースが考えられる。

　景気の上昇期においては所得が増大するが、加速度原理によって投資も増大し、図 10-6 の I_1 から I_2, I_3 へとシフトする。こうした投資の拡大は、投資乗数倍の所得を生み出すことになり、いっそう景気が上昇する。

　一方、限界消費性向が 1 より小さいことからもわかるように、所得が増加しても消費はそれと同じだけ増大するわけではないので、生産の拡大に消費が追いつかず、次第に売れ残りが生じるようになる。このことは、企業に投資を手控えさせ、乗数理論により所得は減少することになる。こうした所得の減少は、加速度原理によって投資をさらに減少させることになり、景気は下降する。

　ところが、所得が減少しても消費はそれと同じだけ減少するわけではないので、生産が縮小してもある程度の消費は維持される。このことが再び企業に投資を行わせることになり、乗数理論によって所得もまた上昇に転ずるこ

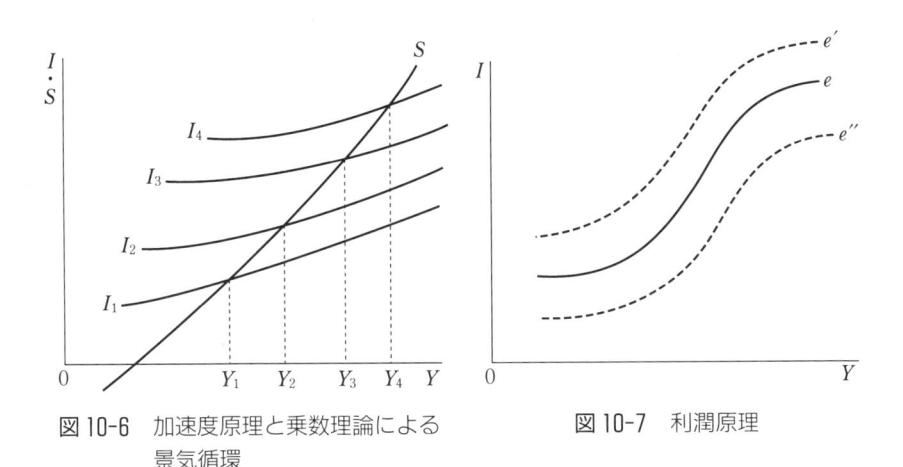

図 10-6　加速度原理と乗数理論による景気循環

図 10-7　利潤原理

とになる。こうしてまた景気は上昇するといった具合に循環していくのである。

③ 利潤原理

加速度原理のほかに投資と所得の関係を説明するものとして、利潤原理が有名である。加速度原理が所得の増分を問題にするのに対し、利潤原理は所得の水準を問題にする。加速度原理とのこうした違いから、利潤原理は別名、速度原理とも呼ばれる。

利潤原理の明確な定式化はM．カレツキーが与えた。彼は、現実に実行される投資が更新投資と純投資の2つに大別できることに注目して、両者の合計である粗投資Iは資本ストックeと生産量水準Yの関数として図10-7のように表されると考えた。

ここでS字型をしているのは、Yの水準が低いときには遊休設備が存在しており、投資の伸びは鈍くなるのに対し、Yが上昇するにつれて積極的に投資が行われ、さらにYが増大すると景気後退懸念などから投資が手控えられるようになるという事情による。

他方、資本ストックeについては、ある与えられたYの水準に対してeが上昇すると資本1単位当たりの平均利潤率が減少するため、投資が抑制されてS字型曲線が下方にシフトし、逆に資本ストックeが下落すると資本1単位あたりの平均利潤率が増加して、S字型曲線が上方にシフトすることになる。

④ カレツキー・カルダアの理論

それでは、この利潤原理を乗数理論と結合させて景気循環を説明したカレツキー・カルダアの理論を紹介することにしよう。

さてYは投資と貯蓄が等しくなるところで決定されるが、貯蓄Sは所得Yに比例すると考えられるので、図10-7にその関係を書き加えることによって図10-8を得ることができる。さらに、図10-8には純投資が0のときの粗投資、すなわち更新投資の水準がRR線として描かれている。これが右

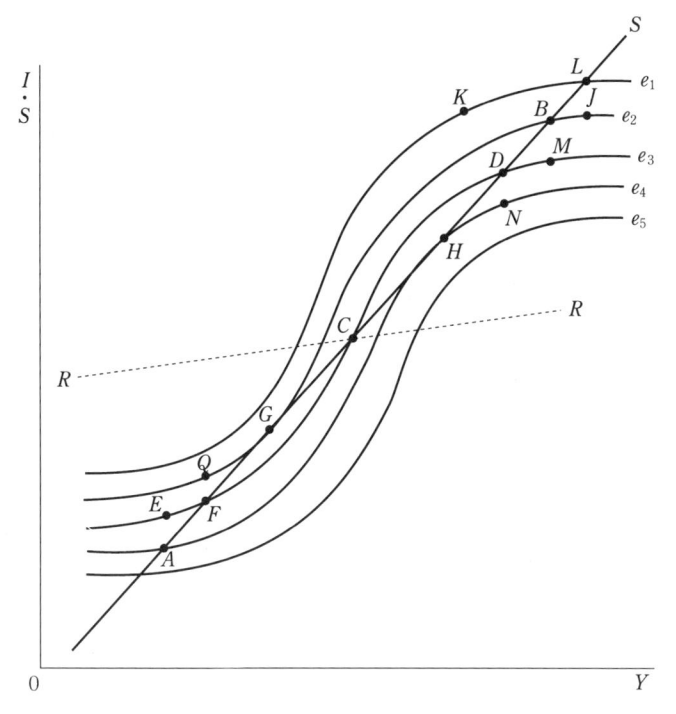

図 10-8　利潤原理と乗数理論による景気循環

上がりであるのは、Y が大きいとき資本ストックも大きく、更新のために大きな投資が必要となるからである。

いま経済が図 10-8 の点 K にあるとすると、$I>S$ であるので生産が拡大され、e_1 曲線上を点 L に向かって移動することになる。点 L での投資は、点 L が RR 線より上方にあることからわかるように純投資を含んでいるので、資本ストックが増大し、その結果粗投資曲線は e_1 から e_2 へとシフトして経済は点 J へと移行する。点 J では $I<S$ であるので Y は減少して粗投資曲線 e_2 上を左へ移動して、経済は点 B において均衡する。というのは、点 B よりもさらに Y が減少したとすると、今度は $I>S$ となり、Y が増大するからである。つまり、点 B は安定的な均衡点なのである。

ところが、点 B における投資も純投資を含むので、資本ストックが増大し、その結果粗投資曲線はさらに e_3 へとシフトして経済は点 M へと移行するが、点 M では $I<S$ であるので Y は減少して、点 D において均衡する。そして点 D における投資も純投資を含んでいるので資本ストックが増大し、その結果粗投資曲線はさらに e_4 へとシフトして経済は点 N へと移行する。

点 N では $I<S$ であるので Y は減少するが、点 H で均衡することはない。というのは、点 H からさらに Y が減少したとき、粗投資曲線 e_4 上においては $I<S$ となるので、Y はいっそう減少してしまうからである。結局粗投資曲線 e_4 上を移動して点 A において経済は均衡する。

ところが点 A においては純投資がマイナスであり、これは粗投資が更新投資を下回っていることを意味するので、次第に利用可能な資本ストックの量が減り、そのことは粗投資を上方へと、つまり e_3 へとシフトさせる。その結果経済は点 E に至るが、点 E では $I>S$ となっているため、Y が増大して点 F において経済は均衡する。というのは、さらに Y が増大したとしても、粗投資曲線 e_3 上においては $I<S$ となっているため、Y が減少するからである。

さて、点 F が安定的な均衡点であるとしても、依然として純投資がマイナスであるため、資本ストックの量は減少し、粗投資曲線は e_3 から e_2 へと上方にシフトすることになる。その結果経済は点 Q へと移動し、点 Q においては $I>S$ であるため Y が拡大し、やがて点 G へと至る。しかしながら、点 G は安定的な均衡点ではない。というのは、点 G においてさらに Y が増大したとすると、粗投資曲線 e_2 上では再び $I>S$ となり、Y が増大してしまうからである。

そこで経済は結局点 B に至り、そこで均衡することになる。ところが点 B では純投資がプラスであり、資本ストックが増大するといった具合に再び循環が生じることになる。以上の経済の動きを横軸上において眺めるとき、Y は増大と減少を繰り返している。以上がカレツキー・カルダアの理論である。

3　経済成長

経済成長とは、経済社会が数量的に増大していく現象をさし、具体的には第2次世界大戦後の先進資本主義諸国において GDP がほぼ順調に増加していった時期に広く用いられるようになった概念である。

この時期のマクロ経済学はケインズの『一般理論』の大きな影響を受けているが、彼の分析は利用可能な労働や生産設備の質と量、さらには技術の状態などが変化しないという条件の下で進められていた。

経済成長を議論するにあたってはこうした条件を取り除く必要があるが、ケインズの基本的な立場を受け継いで経済成長を論じた代表者は、R.F.ハロッドとE.V.ドーマーである。本章においてはこの2人の理論を説明したうえで、ケインズとは立場を異にする新古典派と呼ばれる理論の代表としてR.M.ソローの理論を説明することにしよう。

1　ドーマーの理論

ドーマーは、ケインズの乗数理論に加えて、資本蓄積が経済に及ぼす効果を考察した。すなわち、ケインズの乗数理論によれば、投資需要の増加は多くの産業部門に波及して、その結果経済社会の所得 Y が増加する。他方、ドーマーは投資が行われたときに社会の生産能力 Q が増大することに注目し、投資は Y と Q に対する2つの効果を持つものとした。

彼の理論は数式を利用して展開されているが、いきなり数式に接する前に理論の骨子をまとめておくほうがよいだろう。まず、上述の投資の2つの効果がバランスを保ち、労働の完全雇用と資本の完全利用が持続するために、投資が満たすべき条件が明らかにされる。そのうえで、投資がそのような条件を満たすとき、果たして経済成長が安定的に持続するかどうかが議論される。以上が骨子である。

それでは、ドーマーの理論に沿って解説していきたい。投資の2つの効果

がバランスを保っている状態とは、労働の完全雇用と資本の完全利用の下で、投資によってもたらされる所得の増分と生産能力の増分とが等しいということであり、式で書けば

$$\Delta Y = \Delta Q \tag{10-14}$$

となる。

ここで、ケインズの乗数理論によれば、所得の増分については、投資の増分 ΔI と限界貯蓄性向 s との間に

$$\Delta Y = \frac{1}{s} \Delta I \tag{10-15}$$

という関係が成立していた。

一方、生産能力の増分については、労働の完全雇用の下で、

$$\Delta Q = \sigma I \tag{10-16}$$

と書けるとしよう。ただし、σ は正の定数である。

すると、(10-15) 式と (10-16) 式を (10-14) 式に代入することにより、

$$\frac{\Delta I}{I} = s\sigma \tag{10-17}$$

を得る。これこそが、投資の2つの効果がバランスを保ち、労働の完全雇用と資本の完全利用が持続するために投資が満たすべき条件である。つまり、投資は $s\sigma$ の率で増大する必要があるのである。

次に、投資が (10-17) 式を満たすときに、経済成長が安定的に持続するかどうかを考える。そのために、これまでの議論に加えて2つの仮定をおく。

1つは、所得と投資の比率は常に s に等しいというもので、式で書けば、

$$\frac{I}{Y} = s \tag{10-18}$$

となる。もう1つの仮定は、少々複雑であるのでゆっくり説明しよう。

経済社会における投資は資本の増分とみなせるので、

$$I = \Delta K$$

が成り立つ。これを (10-16) 式に代入すれば

$$\Delta Q = \sigma \Delta K$$

となり、資本の増分に σ を掛けた分だけ生産能力が増大することになっていた。

しかしながら、投資による新生産設備を稼動させるにあたり、他の生産要素の量が十分でないために生産能力が十分に伸ばされないといった場合も現実には存在する。そこで、理論的に考えられる最大の伸びを

$$\Delta Q = \gamma \Delta K$$

と書くことにし、より一般的に

$$Q = \gamma K \tag{10-19}$$

と仮定するのである。つまり、γ は理想的な状態を、σ は現実の状態を表しているのである。$\sigma \leqq \gamma$ が成立していることはいうまでもない。

さて、仮定 (10-18) 式の下では、

$$\Delta I = s \Delta Y, \quad I = sY$$

となるので、

$$\frac{\Delta I}{I} = \frac{s \Delta Y}{sY} = \frac{\Delta Y}{Y}$$

つまり、投資の変化率と所得の変化率は等しくなる。

(10-17) 式によれば、投資の変化率は $s\sigma$ である必要があった。そこで、所得が $s\sigma$ の率で持続的に成長できるかどうかを考えてみたいのである。

出発点において所得が Y_0 であったとき、資本の完全利用が実現していたとすれば、所得が $s\sigma$ の率で成長するには

$$\Delta Y = s\sigma Y_0$$

と等しいだけの生産能力の増大が必要であり、これは仮定 (10-19) 式より

$$\gamma \Delta K = s\sigma Y_0 \tag{10-20}$$

が成立する必要があることになる。

他方、現実になされる投資は (10-18) 式より sY_0 であるので、γ と σ が等しければ (10-20) 式は成立することになる。しかしながら、現実には γ は σ より大きい場合が多いので、こうした経済成長は持続せず、経済は変

第 10 章 経済の変動と成長 197

動することになるのである。

2 ハロッドの理論

ハロッドは保証成長率という概念を定義して、現実の成長率がそれと異なる場合には、経済は保証成長率から乖離していく傾向があることを示した。ここでは、その議論の中身をみておくことにしよう。

ハロッドは人々が望む貯蓄 S_d および投資需要 I_d という新たな変数を導入して、

$$S_d = s_d Y \tag{10-21}$$

$$I_d = C_r \Delta Y \tag{10-22}$$

と仮定する。ここで、s_d は所望貯蓄率、C_r は平均1単位の生産の増加に必要な資本の追加量であって、必要資本・産出比率と呼ばれる。

現実の貯蓄 S は資本の増分 ΔK に等しいので、所得の成長率 G は

$$G = \frac{\Delta Y}{Y} = \frac{\Delta Y}{\Delta K} \frac{S}{Y} = \frac{s}{C_m} \tag{10-23}$$

と書くことができる。ただし、$s = S/Y$、$C_m = \Delta K/\Delta Y$ である。

他方、人々が望む貯蓄が実現され、

$$S = S_d = I_d = \Delta K$$

が成立しているときの成長率 G_w は、

$$G_w = \frac{\Delta Y}{I_d} \frac{S_d}{Y} = \frac{s_d}{C_r} \tag{10-24}$$

となるが、これこそが保証成長率である。

いま $G > G_w$ であるとしよう。このとき、$s > s_d$ と $C_r > C_m$ のいずれか少なくとも一方が成立しているはずであるが、話をわかりやすくするために、両方同時に成立しているとする。

$s > s_d$ とは、貯蓄をしすぎたことを意味するので、過剰分は新たな消費需要を引き起こすことになろう。また $C_r > C_m$ とは、$I_d > \Delta K$ のことであるので、企業が望むだけの投資が実現されていないことを意味し、新たな投資需

要を引き起こすことになろう。

いずれの場合にも需要が増大し、それが生産を刺激して成長率はいっそう高められる。つまり、G は G_w から次第に乖離していくことになるのである。

逆に $G<G_w$ である場合にも、同様にして G が G_w から次第に乖離していくことを示すことができる。こうしたハロッドの理論は**不安定性原理**と呼ばれている。

彼は、労働人口の増加と技術進歩を考慮に入れたうえでの経済の潜在的生産力に対応する成長率を自然成長率 G_n と定義しているが、本書では説明を省略する。

3 ソローの理論

自由放任、市場万能主義を標榜する古典派に対して、総需要管理政策の有効性を唱えたのがケインズであったが、その後古典派の流れを汲む新古典派と呼ばれる人々がケインズに対抗した。

ソローの理論は新古典派に属するが、それは理論の背後に財と労働の需給均等が実現するように物価および賃金率が調整されるという想定がおかれているからである。この理論は以下の3つの前提からなっている。

①生産技術は新古典派生産関数によって表される。
②貯蓄 S は所得 Y に比例し、投資 I は貯蓄 S に等しい。
③雇用労働量 L は一定の率 n で増加している。

それでは、これらの前提が意味するところを順に説明していこう。

新古典派生産関数は、Y が雇用労働量 L と資本 K によってどのように決定されるかを示すものであり、

$$Y = F[K, L] \tag{10-25}$$

と書く。この関数の重要な性質として、**規模に関して収穫不変**と呼ばれるものがある。これは、資本と労働の投入量をそれぞれ λ 倍すると、Y も λ 倍されるという性質であり、式で書けば

$$\lambda Y = F[\lambda K, \lambda L] \tag{10-26}$$

となる。

　ここで、$\lambda = 1/L$ とおくと、上式は

$$\frac{Y}{L} = F\left[\frac{K}{L},\ 1\right] \tag{10-27}$$

となるが、これを

$$\frac{Y}{L} = y,\quad \frac{K}{L} = k,\quad F[k,\ 1] = f(k) \tag{10-28}$$

とおいて、

$$y = f(k) \tag{10-29}$$

と書けば、(10-27) 式と比較して

$$Y = Lf(k) \tag{10-30}$$

が成立することもわかる。

　この関数には、もう1つ重要な性質がある。それは、グラフに描いたときの形状に関するものである。(10-29) 式をグラフにすると、図10-9のように原点を通る右上がりの山なりの曲線となり、k が大きくなるにつれて次第に横軸と平行になっていく。

　次に②の前提について説明しよう。まず、貯蓄が所得に比例するとは、

$$\frac{S}{Y} = s \tag{10-31}$$

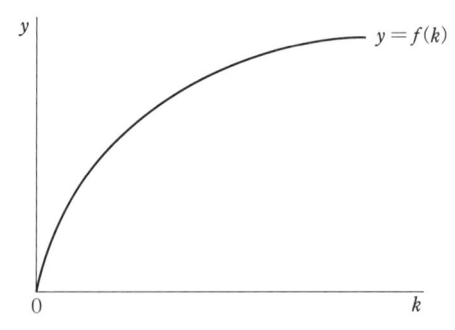

図10-9　労働1単位当たりで表現された生産関数

が一定であるということを述べている。さらに、投資が貯蓄に等しいとは

$$I = S \tag{10-32}$$

ということであるが、資本の増分 ΔK が投資にあたるので、(10-30)～(10-32)式を考慮して

$$\Delta K = sLf(k) \tag{10-33}$$

と書くことができる。

最後に、前提③について説明しよう。雇用労働量が一定の率で増加するとは、これまでの本章の表記に従えば、

$$\frac{\Delta L}{L} = n \tag{10-34}$$

ということである。しかし、より理解を鮮明にするために、今後はそれぞれの変数が第何期のデータであるかを明示して、L_t, L_{t+1} のように表現したい。

この場合、

$$\Delta L = L_{t+1} - L_t \tag{10-35}$$

であり、(10-34)式は

$$\frac{L_{t+1} - L_t}{L_t} = n \tag{10-36}$$

と書き直すことができることに注意しよう。

以上で前提についての説明は終わった。このソローの理論によれば、経済成長が安定的に持続しうることが示される。そこで、早速その説明からはじめよう。

(10-33)式の各変数に期を表す添え字を付けると、

$$K_{t+1} - K_t = sL_t f(k_t)$$

となる。この両辺を L_t で割ると、

$$\frac{K_{t+1}}{L_{t+1}} \frac{L_{t+1}}{L_t} - k_t = sf(k_t)$$

$$k_{t+1}(1+n) - k_t = sf(k_t) \qquad \because \text{(10-36) 式による。}$$

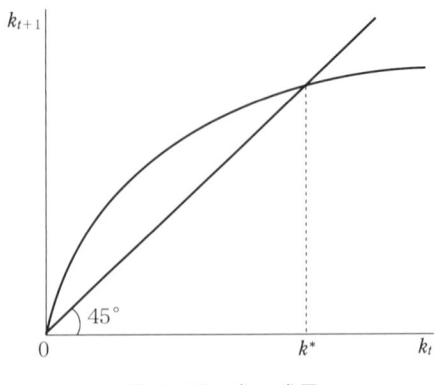

図10-10 斉一成長

$$\therefore \quad k_{t+1} = \frac{1}{1+n}\{k_t + sf(k_t)\} \tag{10-37}$$

が得られる。そして、この (10-37) 式が表す関係を、k_{t+1} を縦軸にとり k_t を横軸にとってグラフに描くと、図10-10のようになる。

ここで、グラフ上の曲線が45度線と交わるとき、

$$k_{t+1} = k_t = k^* \tag{10-38}$$

となっており、k の成長率は0、すなわち

$$\frac{k_{t+1} - k_t}{k_t} = 0$$

となっていることがわかる。

しかも、このとき上式の左辺は

$$\frac{k_{t+1} - k_t}{k_t} = \frac{(K_{t+1}/L_{t+1}) - (K_t/L_t)}{K_t/L_t} = \frac{K_{t+1}}{K_t} \times \frac{1}{1+n} - 1 \tag{10-39}$$

と変形され、これが0になることから、

$$\frac{K_{t+1} - K_t}{K_t} = n \tag{10-40}$$

となり、K の成長率は雇用労働量の成長率に等しくなっていることがわかる。

さらに (10-38) 式の下では、
$$y_{t+1} = f(k_{t+1}) = f(k^*)$$
$$y_t = f(k_t) = f(k^*)$$
であるので、y の成長率は 0、また Y の成長率は、K と同様に考えて、n になっていることが確かめられる。

このように、すべての経済変数の成長率が定数であるとき、経済は**斉一成長**の状態にあるといわれるが、この状態は安定的に持続可能なのである。

というのは、$k_t > k^*$ であれば、図 10-10 からわかるように曲線が 45 度線より下側にある。これは $k_{t+1} < k_t$ を意味するので、t 期において k^* より高い水準にあれば、$(t+1)$ 期においては k の値は引き下げられることになり、逆に $k_t < k^*$ であれば、同様にして k の値は $(t+1)$ 期には引き上げられることになり、いずれにしても k^* に向かって収束していくからである。

次に、経済が斉一成長の状態にあるとき、消費 C について考えてみよう。斉一成長のとき (10-37) 式において $k_{t+1} = k_t = k^*$ であるので、
$$nk^* = sf(k^*) \qquad (10\text{-}41)$$
を得る。

一方、消費は (10-30) 式より
$$C = (1-s)Lf(k) \qquad (10\text{-}42)$$
と書けるので、(10-28) 式にならって労働 1 単位当たりに直せば、
$$c = (1-s)f(k) \qquad (10\text{-}43)$$
となる。

したがって、斉一成長の下での労働 1 単位当たりの消費は、(10-41) 式を考慮して
$$c^* = f(k^*) - nk^* \qquad (10\text{-}44)$$
と表される。この (10-44) 式に示される関係を描いたものが図 10-11 である。

図 10-11 において、斉一成長の下での労働 1 単位当たりの消費 c^* は、曲線と直線との差に相当するので、k^* が k_g と等しいときに c^* は最大になることがわかる。これは、**資本蓄積の黄金律**と呼ばれている。

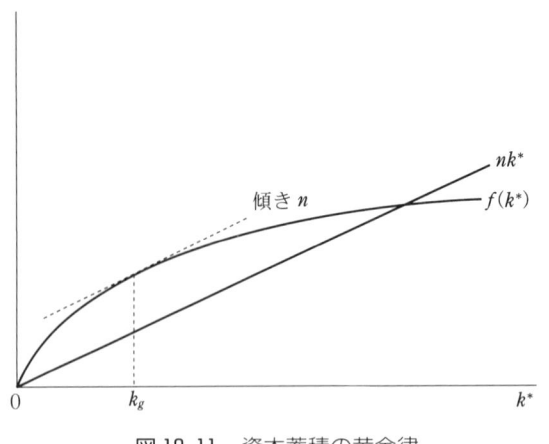

図 10-11　資本蓄積の黄金律

なお、ソローの理論において技術進歩を考慮に入れる場合には、生産関数を

$$Y = F[K, AL] \tag{10-45}$$

とする。ただし、A は技術に関する指数であり、L との積 AL は効率的労働量と呼ばれる。いま、技術は一定の比率 g で進歩しているものとしよう。つまり

$$\frac{\varDelta A}{A} = g \tag{10-46}$$

である。このとき（10-45）式の両辺を AL で割ることにより、

$$\frac{Y}{AL} = F\left[\frac{K}{AL}, 1\right] \tag{10-47}$$

となるが、今度は

$$\frac{Y}{AL} = \hat{y}, \quad \frac{K}{AL} = \hat{k}, \quad F[\hat{k}, 1] = f(\hat{k}) \tag{10-48}$$

とおいて

$$\hat{y} = f(\hat{k}) \tag{10-49}$$

と書くことにする。

すると、(10-33) 式は

$$\Delta K = sALf(\hat{k}) \tag{10-50}$$

と書き換えられるので、各変数に期を表す添え字をつけて書き直すと

$$K_{t+1} - K_t = sA_t L_t f(\hat{k}_t) \tag{10-51}$$

となり、さらに上式の右辺を $A_t L_t$ で割って (10-37) 式を得たのと同様の変形を行うと

$$\hat{k}_{t+1} = \frac{1}{(1+g)(1+n)}\{\hat{k}_t + sf(\hat{k}_t)\} \tag{10-52}$$

が得られる。

この (10-52) 式に従って経済が成長していくとき、斉一成長の状態は

$$\hat{k}_{t+1} = \hat{k}_t = \hat{k}^* \tag{10-53}$$

のときに実現される。明らかに $\hat{k}$ の成長率は 0、すなわち

$$\frac{\hat{k}_{t+1} - \hat{k}_t}{\hat{k}_t} = 0 \tag{10-54}$$

であるが、上式左辺を変形すると

$$\frac{\hat{k}_{t+1} - \hat{k}_t}{\hat{k}_t} = \frac{K_{t+1}}{K_t} \times \frac{A_t L_t}{A_{t+1} L_{t+1}} - 1 = \frac{k_{t+1}}{k_t} \times \frac{1}{1+g} - 1 \tag{10-55}$$

となることからわかるように、k の成長率は g となる。

さらに、K の成長率については (10-39) 式を参考にすれば、

$$\frac{K_{t+1}}{K_t} \times \frac{1}{1+n} - 1 = g \tag{10-56}$$

が成立するので、

$$\frac{K_{t+1} - K_t}{K_t} = n + g + ng \tag{10-57}$$

となり、やはり定数であることがわかる。

また同様にして、y と c の成長率は g、Y と C の成長率は $(n+g+ng)$ となっていることが確かめられる。斉一成長とは、成長率が等しくなることではなく、あくまで一定の値になることであることに注意されたい。

参考文献

池田一新『混合体制の経済学』白桃書房、1976年

バロー，R．J．・サラ-イ-マーティン，X．（大住圭介訳）『内生的経済成長論（I）』九州大学出版会、1999年

宮沢健一『国民所得理論』〔3訂版〕筑摩書房、1984年

和田貞夫『経済成長理論』東洋経済新報社、1979年

第11章

所得分配の理論

1　所得の分配とその取り組み方

　所得の分配は、基本的には、個別経済が、分業と多面的な交換の基礎に立つ社会的な生産に、何かある生産的な役務を提供した結果、その報酬として、それらの個別経済のところに、総合経済の循環過程から経常国民所得が、不断の流れをなして帰着する過程であるとしてよい。その際、関係の個別経済が提供する種々さまざまな生産的な役務は、これを労働、資本、土地ならびにこれらの生産要素を雇用して生産の目的に組織する企業家活動という、4つの類型にまとめることができる。分配理論の主な任務は、これらの生産要素の単位当たりの報酬率のみならず、国民所得全体に占める割合すなわち相対的な所得の分け前がどのように決定されるかを分析することにある。

　われわれは、実際に受領する所得の大きさが経済的な福祉の水準を測る最も重要な尺度と考える以上、個人や家計がどういう源泉から所得を稼得しているかどうかにはかかわりなく、実際に受け取っている分配分が果たして妥当な水準であるのかどうかを問題にすることになる。この場合、社会的な正義や衡平の原則に立って、所得分配の平等不平等という問題や貧富の格差の問題をとりあげる必要があろう。この場合、われわれは、所得の「**対人的な分配**」(personal distribution) または「人的な分配」という見地に立脚して議論しているのである。

　これに対して、個別経済が社会的な生産過程に生産要素や生産的な役務を

提供する結果、その代償に支払われる要素の単位当たりの報酬率やその総額、ならびにその相対的な分け前の決定を解明しようとするとき、いいかえれば、社会的な生産に参加した人々が、その生産過程において共通した役割を果たすか、あるいは同じ種類の生産的な役務を給付する職能に関連させて分析する場合、「**職能的な分配**」(functional distribution)または「機能的な分配」を口にすることができる。

いわゆる市場経済体制の下においては、所得の分配は、通例、生産要素を提供する家計と、これらを生産の目的に調達し結合する企業との間で、要素市場における価格形成のメカニズムを通じて行われる。つまり、分配の理論は、一般的な価格形成の理論を生産要素の価格や雇用の分析に応用したものと考えることができる。この生産要素の価格形成過程の分析は要素所得の成形を説明する根幹をなしているといえる。こうして、分配の理論は、原則的には、すべての生産要素に適用可能な、純粋な形の要素価格形成の理論ともいうべきものになった。

ところで、要素の価格と要素の雇用量の分析から、要素の単位当たりの報酬率と報酬総額ならびに**相対的な分け前**の決定をある程度まで説明できるとしても、それだけでは実際に得ている家計や個人の所得の決定までも説明することは不可能である。たとえば、単純化を期して、ある特定の能率と資質を持つ代表的な労働者をとっていえば、要素の単位当たりの報酬も実際に受け取る個人の所得も、過去の歴史の相当長い期間にわたってほぼ一致していたとしてよいであろう。だが、労働力を提供して所得を得ている個人も、やがて財産を所有するようになり、しかも失業保険金や恩給や年金など社会保障制度が整備されるにつれて、両者が一致することは次第に少なくなってきた。こうした制度的な要素の作用が大きくなるにつれて、要素の単位当たりの報酬率と報酬総額に関する分析的な研究は、財産の所有の状況や財産所得の分布など歴史的・統計的な研究によって補足されなければならなくなる。

先に述べた「職能的な分配」は、生産要素市場の仕組みを通して決定される生産要素の単位当たりの報酬率（要素の価格）と要素の雇用量（要素の分量）

の分析を中心に据えて展開されるミクロ的な分配理論といえる。

　その主要な分析道具が新古典派の限界生産性の概念にほかならない。ただ、それだけでは全体としての国民所得が果たしてそれぞれの生産要素にどのように分配されるのかまでは明らかにされない。つまり所得分配率ないし所得の相対的な分け前がいかなる要因によって決定されるのか、その法則の発見がマクロ的な分配理論の課題なのである。いわゆる**貯蓄＝投資説**に立脚してケインズ的なマクロ分配理論を敷延した代表的な経済学者がN．カルダアである。さらにここで、カルダアの分配理論とともに、同じケインズ的な理論の基礎に立って、マクロ的な枠組みの中にミクロ的な限界生産性の概念を位置づけようと試みた、S．ワイントゥラウプの総合的な取り組みにも触れる予定である。

1　要素需要曲線の導出と限界生産性の原理

　いわゆる新古典学派の分配理論は、生産関数を基軸に、限界生産性の概念を駆使して分析を進める。ここで、産出量を Q、労働の雇用量を N、資本の分量を K で表すと、生産関数は次のように与えられる。

$$Q = f(N, K)$$

である。この生産関数は、労働と資本の増加が生産の増加にどのように貢献するのか、つまり労働と資本の貢献度に応じた分配がどのような原則に従って決定されるかを教えてくれる。その際、使用される分析道具が労働および資本の限界生産物の概念である。すなわち、資本ないし労働が1単位増加したときに得られる産出量の増加分のことである。

　ここでは、完全競争市場を仮定し、労働だけが可変的で、資本の分量は一定不変であるという短期の分析を中心に進める。資本は固定的という短期の生産関数は、次のように示される。

$$Q = f(N)$$

生産物の価格 P が所与である競争的な市場の下で、企業の総収益 TR (Total Revenue) は、価格に産出量を掛けた $TR = P \times Q$ として表される。

この総収益を雇用量 N に結びつけると、総収益 TR は、次のように表すことができる。すなわち、$Q=f(N)$ であるから、

$$TR = PQ = P \cdot f(N)$$

となる。この $P \cdot f(N)$ が総収益生産高 TRP(Total Revenue Product) と呼ばれる。つまり収益の概念と収益生産高の概念を結びつけているのが、産出量 Q にほかならない。

図 11-1 は、縦軸に総収益生産高、横軸に雇用量をとったときの総収益生産高曲線を示したものである。図から明らかなように、雇用の増加につれて、最初のうちは総収益生産高の増加分は上昇するが、やがてある水準からその増加分は次第に低下することがわかる。これは**収益逓増・逓減の法則**がはたらいていることを意味する。

この雇用の増分と収益生産高の増分との間の関係は、限界収益生産高 MRP(Marginal Revenue Product) という概念を用いて分析される。

限界収益生産高は、雇用水準が低い間は、雇用の増加につれて逓増するが、やがて次第に逓減する。限界収益生産高は、総収益生産高を雇用量 N について微分すれば得られる。

$$MRP = \frac{d(TRP)}{dN}$$

$$= \left(P + Q\frac{dP}{dQ} \right) \frac{dQ}{dN}$$

$$= MR \cdot MP$$

である。$\frac{dQ}{dN}$ は労働の限界物量生産高 MP を表す。$\frac{dP}{dQ}$ は産出高が増加する際の生産物価格の変化を示す。ただし、純粋の競争の下では、生産物の価格は一定不変であるから、$MRP = P \cdot MP$ となる。

競争市場を仮定した場合、MRP はむしろ限界価値生産高 MVP(Marginal Value Product) として記述する方が便利であろう。

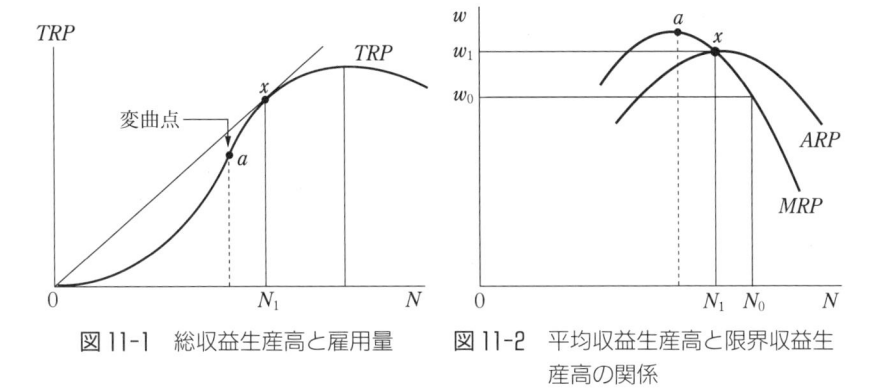

図 11-1　総収益生産高と雇用量　　図 11-2　平均収益生産高と限界収益生産高の関係

これに対して、平均収益生産高 ARP は、簡単に、総収益生産高を雇用量で割れば得られる。すなわち、

$$ARP = P \cdot \frac{Q}{N}$$
$$= P \cdot AP$$

である。AP は労働の平均生産高である。図 11-2 は、労働の雇用量と限界収益生産高と平均収益生産高の関係を示したもので、図 11-1 から導くことができる。

さて、企業の利潤は、総収益 $[TR = PQ = P \cdot f(N)]$ から総費用 $[TC = wN + FC]$ を引いたものに等しい。TC は総費用、FC は固定費用、w は貨幣賃金率、wN は賃金総額である。ここで、w は与えられているものと仮定する。利潤 π は総収益と総費用との差であるから、

$$\pi = TR - TC$$
$$= P \cdot f(N) - (wN + FC)$$

として示される。利潤極大化の条件の下で、雇用水準は、いったい、どこで決まるか。上の式を雇用量 N について微分すると、次のような式が得られる。すなわち、

$$\frac{d\pi}{dN} = P \cdot f'(N) - w$$

第 11 章　所得分配の理論　211

である。極大の条件は $\dfrac{d\pi}{dN} = 0$ であるから、$w = P \cdot f'(N)$、つまり所与の賃金率 w と限界収益生産高 MRP とがちょうど等しい水準で雇用量が決定されると、利潤極大化の条件が満たされることになる。さて、図 11-2 の MRP 曲線と ARP 曲線を用いて、雇用量がどの水準で決定されるかを考察することにしよう。

図 11-2 において、$w = MRP \leq ARP$ が利潤極大化の必要条件であることがわかる。貨幣賃金率が w_0 であるとき、労働の雇用量は ON_0 の水準で決まる。企業は、賃金が w_1 ないしそれ以下の水準にある場合に限り、継続して生産するものとしてよい。それというのも、w_1 を上回る賃金の場合には、$ARP < MRP$ であり、たとえ $w = MRP$ が成立する分量の労働を雇用したとしても、それは総収益生産高を超える総要素支出を必要とするため、そうした生産活動は損失を伴うはずである。したがって、ARP と MRP の交点 x 以降の $w = MRP$ の関係が成立する水準において、利潤が保証されることになる。企業の労働需要曲線は、ARP と MRP の交点以後の MRP 曲線の右下がりの部分にほかならない。

こうして、純粋の競争の下における、企業の可変的な要素に対する需要曲線を導出するには、次のような条件がそなわらなければならない。

① 固定的な要素の分量とその報酬とが確定していなければならない。
② 要素の生産性あるいは、総生産高関数、平均生産高関数ならびに限界生産高関数がわかっていなければならない。
③ 生産物の価格が所与でなければならない。それというのも、生産物の価格が変化する場合にはいつでも、企業の要素需要曲線は変わるからである。

2 企業均衡と所得の完全分配

生産関数が $Q = f(N, K)$ として表されるものとしよう。労働の雇用量 N と資本の分量 K がそれぞれ 2 倍になれば、産出量 Q も 2 倍になる。こ

のように生産要素の投入量と産出量との間に比例的な関係があるとき、生産関数は規模に関して収益不変であるという。一次同次性の条件が満たされるときの生産関数は、次のような物量単位の式で表すことができる。

$$Q = N \cdot \frac{\partial Q}{\partial N} + K \cdot \frac{\partial Q}{\partial K}$$

である。この式は、経済学の言葉でいえば、総産出高 Q は労働と資本の限界生産高にそれぞれの要素の分量を掛け合わせたものの合計額に等しいということを意味しているにすぎない。いいかえると、各々の要素がそれぞれの限界物量生産高の大きさに拠って要素報酬を支払われるとすれば、総生産物は過不足なくそれぞれの要素に分配しつくされることになる。

上の等式の両辺の各項に生産物価格 P を乗じるだけで、次のような価値単位で表した式が得られる。すなわち、

$$PQ = P \cdot \frac{\partial Q}{\partial N} \cdot N + P \cdot \frac{\partial Q}{\partial K} \cdot K$$

である。要素の限界価値生産高が要素の報酬率に等しいという純粋競争の下における以下のような均等関係、すなわち、

$$P \cdot \frac{\partial Q}{\partial N} = w, \quad P \cdot \frac{\partial Q}{\partial K} = r \quad (r：資本用役の価格)$$

をそれぞれ上の式に代入すると、次のような式が描かれる。

$$PQ = wN + rK$$

つまり、各々の要素が生産物や要素の競争的な市場において限界価値生産高に応じて要素報酬を受け取るものとすれば、総売上高はあますところなく賃金分配分と利潤分配分とに分配しつくされることになる。

所得の「**完全分配の定理** (exhaustion theorem)」は、企業均衡の条件から導くことができる。仮に企業が各々の要素の限界生産物の大きさ以上の要素報酬を支払えば、損失が生まれ、要素報酬の支払いがそれ以下であれば、余剰が発生することになる。結局のところ、企業は、純粋競争の下で、完全に弾力的な企業の需要曲線（つまり個別企業の水平な価格線）とU字型の平均費用

曲線とが接する最小点、つまり余剰も損失も発生しない長期競争均衡の点において、完全分配が成立するものとみてよい。

3 限界生産性分析の仮説の点検

分配の基本的な原理として、「貢献に応じた分配」と「所要(ニーズ)に応じた分配」の2つの原理が存在する。貢献の原理とは、生産に参加した人々が、それぞれのはたらきに対して、生産的な貢献すなわち生産性に従って、所得を受領する方式のことである。これに対して、所要(ニーズ)の原理とは、生産的な努力と所得との連絡が切断される。つまり各個人にはその必要に応じて一定の大きさと種類の所得を得させることにある。実例をあげれば、家族構成や子供の数を考慮に入れた家族手当、また納税の場合には、扶養家族数を考慮した扶養控除などがそれである。さらに政府の移転支払いや社会保険給付なども受領者の所要(ニーズ)に応じて支払われるものである。だが、これは補足的で限定された範囲の分配の方式である。いわゆる市場経済体制の下では、生産性の原理がその根幹をなしているものといえる。だが、この限界生産性の原理はいくつかの前提条件のうえに成り立っているので、これらを吟味しておくことが必要であろう。

限界生産性説が妥当するためには、純粋の競争という仮定と同時に、総生産物が過不足なく分配しつくされるという暗黙の前提条件、つまり、①生産要素の完全な可分割性、したがって要素の可変性ならびに、②平均費用と価格の均等性という条件が備わらなければならない。いったん可分割性という仮説を放棄すれば、限界生産性説の一般性は大きく変わってくる。なぜならば、企業家や大規模な固定設備のような不可分割的な要素を取り除けば、産出高がゼロにまで下がりかねないからである。非線型関数の場合の典型的な解答によれば、限界収益生産高は可変的な要素に帰属し、残りの収益は不可分割的ないし固定的な要素に振り向けられるということである。すなわち、それがプラスになっても、マイナスになっても、固定的な要素が企業家活動だけであるとすれば、そのプラスやマイナスの収益の残差は、企業家が取り

込んでもよい利潤かさもなければ背負い込まなければならない損失を意味する。

　限界生産性説の決定的な仮説は、生産物の需要曲線が一定不変のままでいると想定していることである。すなわち、生産物の需要と要素価格とは無関係であるということが基本的な条件になっている。生産物の需要曲線は、通例、貨幣所得が一定不変であるという仮定をもうけたうえで描かれる。つまり限界生産性説の根底には、要素価格や要素所得の変動がみられるにもかかわらず、所得水準が所与であるという幾分筋違いの命題がよこたわっているのである。だが、要素価格の変化によって、生産物の需要の変化が余儀なくされ、そのためまた要素価格の変化が余儀なくされるような場合には、要素価格と生産物の需要との間には、独立性の代わりに、相互依存性が支配することになるものとしてよい。要するに、要素価格の理論は、変化する所得を取り入れた生産物の需要曲線を土台にして、組み立てられなければならない。

　次に、**派生的な需要**の概念に関する議論である。生産要素の需要は生産物に対する需要の結果として出てくるものである。それゆえ、生産性の変化や要素価格の変化がみられないとすれば、生産要素の需要は、生産物の需要が先に増大しない限り、増大しないということになる。だが、賃金・物価の螺旋的な進行過程にみられるように、要素価格の上昇（その要素がすべての産業部門であまねく使用される場合には）が生産物の需要曲線を引き上げうるということが認められるようになれば、生産物の需要は要素価格がいっそう上昇する結果として増大するものとしてよいであろう。従来、分配の理論は、生産物市場よりも、むしろ生産要素市場にかかわる価格理論の応用にすぎないと主張するのが常識であった。つまり、要素の価格と要素の雇用との関係を説明する手段として、限界生産性説を取り入れていたのである。

　われわれは、結局のところ、分配の筋書きを価格理論の適用とみなさざるをえないであろう。分配理論の細部の議論を詰めていくと、どうしても価格理論に立ち入ることになるからである。要素支出は企業内部の費用要因を構成しており、これは、分配の観点からすれば、費用の面からみた所得の内容

を供しているのである。要素の価格と要素の雇用量と要素の稼得高の大きさは各々の産出量の中に含まれているとみることができる。これらが実は収益・費用表の背後に潜んでいる実体なのである。分配理論の体系化と総合化は、企業の理論とのかかわりの中で達成されなければならないであろう。

2 ケインズ的なマクロ分配の理論

所得分配の理論は、主に、リカアド派理論、マルクス派理論、新古典派理論、そしてケインズ派理論など、4つの学説に大きく分類することができる。上で述べた要素価格形成の理論は新古典派の限界生産性の概念を中心に据えて論じたが、その分析の仕方は価格理論の応用であった。これに対して、カルダアは、ケインズ的な貯蓄・投資説に基づいて、需要側から分配率決定の理論に接近した。これがマクロ的な分配理論と呼ばれるものである。同様にケインズ的な枠組みを前提にしながらも、供給側すなわち限界生産性の立場を明確に取り込もうとしたワイントゥラウプの独特な論究方法にも触れることにしよう。

1 カルダアのケインズ的な分配理論

N. カルダアは、「代替的な分配理論」の中で、乗数の理論について、次のように述べている。すなわち、**乗数理論**は、産出高と雇用水準が与えられるならば、物価と賃金の関係を決定するのに適用されるが、その代わり分配が与えられるならば、雇用水準の決定に適用されるはずである。すなわち、分配関係が一定であれば、乗数は所得・雇用決定のメカニズムを提供し、所得・産出高水準が一定であるとすれば、分配率決定の仕組みにも適用されるということである。カルダアは、最初から完全雇用所得水準を仮定して、乗数の原理をマクロ的な所得分配率決定の理論に取り入れた。

カルダアは、次のような定義的な所得恒等式を設けて、出発した。すなわち、

$$Y = W + R$$
$$I = S$$
$$S = S_w + S_r$$

である。ここで、Y：国民所得、W：賃金所得、R：利潤所得、S：貯蓄、I：投資、S_w：賃金稼得者の貯蓄、S_r：利潤取得者の貯蓄である。

　投資は与えられたものと仮定する。賃金稼得者と利潤取得者の貯蓄関数は、それぞれ、次のように表す。s_wとs_rは賃金稼得者と利潤取得者の貯蓄性向である。

$$S_w = s_w W$$
$$S_r = s_r R$$

したがって、社会の貯蓄 S は、

$$\begin{aligned}S &= S_w + S_r \\ &= s_w W + s_r R\end{aligned}$$

となる。いまここで、この式をマクロの均衡条件 $I=S$ に代入して、R だけの式にすると、次のようになる。

$$\begin{aligned}I &= s_w(Y-R) + s_r R \\ &= s_w Y - s_w R + s_r R \\ &= (s_r - s_w)R + s_w Y\end{aligned}$$

である。この式の両辺を Y で割って整理すると、利潤分配率 $\dfrac{R}{Y}$ は、次のように示される。すなわち、

$$\frac{R}{Y} = \frac{1}{s_r - s_w} \cdot \frac{I}{Y} - \frac{s_w}{s_r - s_w}$$

である。

　明らかに、賃金稼得者と利潤取得者の貯蓄性向が与えられるならば、所得に占める利潤の分け前は産出高に対する投資の比率によって決まることがわかる。これは貯蓄＝投資説に基づく所得分配率の決定機構を与える。すなわち、利潤分配率 $\dfrac{R}{Y}$ は、賃金稼得者と利潤取得者の貯蓄性向の差 $(s_r - s_w)$ に依存しながら、投資率（ないし投資・産出高比率）$\dfrac{I}{Y}$ の大きさによって決定

される。投資率が大きければ大きいほど、利潤分配率は増大するが、それがどれだけ増加するかは、$\dfrac{1}{s_r-s_w}$ の大きさ次第で決まる。それゆえ、この係数は「所得分配の感受性係数」と呼ばれている。$s_r > s_w$ であることが体系の安定条件であることはいうまでもない。

カルダアは、所得分配率決定の定式化に際して、貯蓄＝投資の所得決定機構を導入し、投資が利潤を決定するというマクロ的な枠組みを構築した。仮に労働者の貯蓄性向がゼロであるとすると、$s_w = 0$ であるから、上の式は、簡単に次のように表される。

$$R = \dfrac{1}{s_r} \cdot I$$

となる。これは M. カレツキーの投資による利潤決定の乗数式を彷彿させる。カルダアによれば、このモデルは、ケインズの「寡婦の壺」の寓話に内在する仮定で、企業家の利潤取得者の限界貯蓄性向 s_r が小さければ小さいほど乗数の値は大きくなるので、投資の増加はそれだけいっそう利潤総額を引き上げることになる。

2 ワイントゥラウプの総供給関数と分配率の決定理論

S. ワイントゥラウプは、相対的な分け前と要素価格の決定に関する主要な定理を敷延する際に、総需要と総供給に関するマクロ経済学的な枠組みと所得ならびに雇用の決定の理論をその都度引き合いに出しながら、職能的な所得分配を分析しようと試みた。つまり経済の均衡は総需要と総供給の２つの曲線の交点で決まり、その均衡点における雇用量は、同時にまた個別経済との関連において、産業部門を構成している企業の要素生産性と要素価格とによって定まるものと考えた。こうして、マクロ的な枠組みの中にミクロ的な諸関係を位置づけ、マクロとミクロの接合ないし総合をはかった。

これらを追究していくうえで、便宜的に、次のような仮定を設けて出発する。①労働力は同質的である。②貨幣賃金率は一定不変とする。③資本設備の在り高は与えられているものとする。④各企業は、純粋の競争の下で、利

潤極大化の行動をとるものとする。

　ワイントゥラウプの分析の中枢は**総供給関数**である。これは雇用水準を貨幣的な売上高に連結した関数表であり、これを Z で表す。ワイントゥラウプの体系では、貨幣的な売上高は一定不変の物価というよりもむしろ、現行の物価水準でいい表されている。この関数は雇用量 N と予想した売上総額 Z とを組み合わせたものであるが、各々の予想した売上高の水準が特定の雇用量を生み出すことを意味する。労働の雇用は、財が完成したあかつきにはきっと買い手を魅きつけるであろうという確かな予想の上に立って、こうした販売収入の予想に即して定まることになる。

　Z 関数の特徴は、売上高のいまいっそうの増加が見込まれてはじめて雇用量も増大をみることである。したがって、関数関係はプラスである。ワイントゥラウプに従えば、予想した売上高がゼロである場合には、雇用量はゼロになるはずであるから、図表で表すと、Z 関数は原点ゼロから出発することになる。予想ないし実現した売上高 Z は、次のように処分される。すなわち

$$Z = wN + F + R$$

である。この場合、w は一定不変の貨幣賃金率、F は固定的な支出で、契約的な俸給や利子や過去の負債に対する金利費からなっている。R は「残差」としての利潤である。これは減価償却引当金、間接税、可変的な金利費と本来の利潤とに分割される。

　上の Z 関数式はこれを次のような図表（図 11-3）に分解することができる。賃金額（$W = wN$）は $0W$ 曲線で示される。貨幣賃金が一定不変であるから、$0W$ 曲線の傾きは現行の貨幣賃金率 w に等しい。固定的な支出は FF で示されている。この曲線は固定的な費用の絶対額だけ $0W$ 曲線の上方に位置する。$0Z$ と FF との交点 a の左側では、$0Z$ を上回る FF の分だけ損失が発生し、交点 a の右側における $0Z$ と FF との差が利潤にほかならない。こうして、総供給と総需要の交点で決まる雇用の水準が N_1 である場合、相

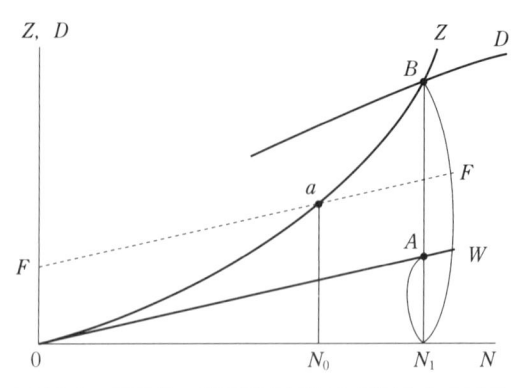

図11-3　総供給・総需要と所得の相対的な分け前

対的な賃金の分け前は $\dfrac{N_1A}{N_1B}$ として示される。利潤の分け前は $\dfrac{AB}{N_1B}$ である。したがって、賃金の分配分は、賃金曲線 $0W$ に対比した $0Z$ 曲線の形状と位置によって、その大きさが確定をみるものといってよい。

　Z 曲線の傾きは、Z 関数式から、次のように導くことができる。すなわち、

$$\frac{dZ}{dN} = w + \frac{dR}{dN}$$

である。利潤の極大化を仮定すれば、$\dfrac{dR}{dN}$ はゼロかゼロよりも大きくなければならないから、どの N の水準においても、Z の傾きは W 曲線の傾きに等しいか、さもなければもっと大きいはずである。W と Z の曲線はともに原点から出発しているので、Z は W と一致しているか、あるいは W の上方に位置していなければならない。

　そこで、貨幣賃金が一定不変の下で、雇用水準が変化する場合、相対的な賃金の分け前はどのように変化するであろうか。この関係を把握する尺度として、Z 関数の弾力性（E_z）の概念を導入することにしよう。相対的な賃金の分け前は $\dfrac{wN}{Z}$ であるから、これを N について微分すれば、次の式が得られる。

$$\frac{d}{dN}\left[\frac{wN}{Z}\right] = \frac{w}{Z} - \frac{w}{Z} \cdot \frac{N}{Z} \cdot \frac{dZ}{dN}$$

である。したがって、

$$\frac{d}{dN}\left[\frac{wN}{Z}\right] = \frac{w}{Z}\left[1 - \frac{N}{Z} \cdot \frac{dZ}{dN}\right]$$
$$= \frac{w}{Z}\left[1 - \frac{1}{E_z}\right]$$

となる。この場合、$\frac{Z}{N}$ は労働の平均売上高、$\frac{dZ}{dN}$ は労働の限界売上高である。弾力性係数 E_z が1より大きい数値をとれば（$E_z>1$）、1％の売上高の増加は1％以上の雇用の増加をもたらす。この事態は収益逓増の条件の下で成立する。これに対して、弾力性係数が1より小さい場合には（$E_z<1$）、売上高の1％の増加は1％以下の雇用の増加をもたらすことになる。これは、通例、収益逓減の条件の下でみられる事態である。ワイントゥラウプの短期的な分析の性格からすれば、追加的な労働に関して収益の逓減がみられるのが常態であるから、弾力性係数 E_z は1より小さい値をとるものといってよい。それゆえ、収益逓減を常態として、貨幣賃金が一定不変と仮定すれば、Z 曲線は、図11-3のように、雇用の増加につれて、左上方に上昇し、下方に対して凸型になるように描かれる。

　相対的な賃金の分け前の動向は、実際に、弾力性係数の数値の大きさ次第で決まることがわかる。たとえば、$E_z<1$ である場合には、収益の逓減ないし労働の限界生産物の逓減がはたらいていることを教えてくれるから、この収益逓減の下でさらに一定不変の貨幣賃金を仮定すれば、図11-3で示されているように、雇用の増加につれて、産出高1単位当たりの労働費用は上昇することになり、その結果一般物価水準も上昇することになるであろう。OZ が図のような形状を描く場合、総供給曲線 Z と賃金曲線 W との開きは、産出高が増加するにつれて、ますます大きくなるから、所得全体に占める労働の相対的な分け前は、低下する傾向を帯びるであろう。

　図から読み取ることができるように、金利生活者すなわち固定的な所得集

団の場合には、OZ の形状を考えれば、産出高の増加につれて、相対的な地位は悪化するものとしてよい。しかも一定不変の貨幣賃金と収益逓減の条件から物価水準は決まって上昇するので、相対的な所得の地位が改善される可能性はない。「残差」としての利潤は、雇用と産出高が拡大するにつれて、相対的に上昇することになる。こういう状態が定着するのも、企業家集団ないし利潤受領者は、労働の分け前の動向にはかかわりなく、金利生活者の所得状況が相対的に低落するから、その利益を受けることになるのである。利潤の相対的な分け前は、労働の相対的な分け前が収益逓減がはたらいて下がるから、それだけいっそう増加をみることになるものとしてよい。

総供給との関連で総需要関数の概念を所得分配の決定機構に導入し、分配率決定の体系を完結することにしよう。ここでは簡略を期して、総需要は消費支出と投資支出とから構成され、投資支出は一定不変で、所得に対して独立であると仮定する。消費支出 C は現行の可処分所得 Y_d のみならず、資産保有高 A にも依存するものと考える。等式で表せば、

$$C = cY_d + \lambda A$$

である。c は消費性向、λ は資産保有高からの非貯蓄（貯蓄の引き出し）を示している。可処分所得は、次のような等式で示される。

$$Y_d = wN + F + kR$$

となる。k は所得として支払われた利潤の一定割合を示す。こうして、3つの主な所得受領者（賃金稼得者 wN、金利生活者 F、利潤取得者 kR）のそれぞれの特徴的な消費支出の型を1つの消費関数にまとめ、この消費支出曲線に一定不変の投資支出を加えることによって、総需要表が得られる。

こうして、3つの所得集団の消費支出のそれぞれの性質を考慮して導かれた総需要表は、総供給関数の傾きよりももっと緩やかな、右上がりの曲線として描かれる。これが図 11-3 の総需要表 D にほかならない。総供給関数 Z と総需要表 D との交点 B において、雇用量 N_1 が決まり、その水準において、$\dfrac{W}{Z} + \dfrac{R}{Z} = 1$ の関係が成立している。

③ 所得分配理論の帰結

分配の理論は、従来、要素価格形成の理論として、限界生産性説を中心に展開された。これに対して、カルダアは、ケインズ的な分析装置に立脚し、乗数の原理を所得分配率決定の理論に適用して、ケインズ的な分配理論の枠組みを提供した。だが、カルダアは、全体の関連の中で「限界生産性の概念が拠って立つ立場がどこにあるのか定かでない」と、述べている。この生産性の現象を相対的な所得の分け前の決定に関する巨視的な枠組みの中に位置づけたのがワイントゥラウプにほかならない。

カルダアは利潤分配率 $\frac{R}{Y}$ が投資率 $\frac{I}{Y}$ に依存することを明らかにした。この需要側本位の分配率の決定式に供給側をどんなふうに組み込むことができるであろうか。ここで、カルダア・モデルの恒等式 $Y=W+R$ を $1=\frac{W}{Y}+\frac{R}{Y}$ と書き換えて、利潤分配率の決定に生産性の現象がどのように関係するかをみることにする。その際、ワイントゥラウプの Z を Y に置き換えて、利潤分配率の行状を考察しよう。利潤分配率 $\frac{R}{Y}$ は、

$$\frac{R}{Y}=1-\frac{W}{Y}$$

として示される。ここで、物価水準を P で、実質産出高を Q で表すと、Y は $P\times Q$ として表すことができるので、$\frac{W}{Y}$ は $\frac{wN}{PQ}$ となる。これは $\frac{w}{P}$ の部分と $\frac{1}{Q/N}$ の部分とに分解できる。つまり $\frac{w}{P}$ は労働の限界生産物 MP であり、$\frac{1}{Q/N}$ は労働の平均生産物 AP の逆数のことであるから、賃金の分け前は、結局、

$$\frac{W}{Y}=\frac{w}{P}\cdot\frac{1}{Q/N}=\frac{MP}{AP}$$

として示されることになる。したがって、総供給と総需要の均衡状態においては、

$$\frac{R}{Y}=1-\frac{MP}{AP}$$

とならなければならない。こうして、$\dfrac{R}{Y}$の行動様式には生産性の現象がかかわっていることがわかる。つまり賃金は企業家の供給の見積もり次第で決まるので、労働雇用の決定は労働生産性の現象にも依存することになる。こうして、限界生産性の局面が分配の図像の中に入ってくるものといえる。

参考文献
大野信三『社会経済学』千倉書房、1994年
カルドア，N. ほか（富田重夫編訳）『マクロ分配理論』学文社、1973年
島田千秋・里見常吉編著『経済学基礎理論』中央経済社、1996年
宮沢健一『国民所得理論』筑摩書房、1986年
ロバートソン，D. H.（森川太郎・高本昇訳）『経済原論講義』有斐閣、1960年
ワイントゥラウプ，S.（増澤俊彦訳）『所得分配の理論への接近』文雅堂銀行研究社、1976年

事 項 索 引

ア 行

IS・LM 分析	127
IS 曲線	127
インフレ・ギャップ	111-2
インフレ供給曲線	163
インフレ需要曲線	165
M 1	119
M 2	120
M 3	120
LM 曲線	123
演繹	4
エンゲル曲線	23
エンゲル法則	23

カ 行

外部経済	78
外部効果	78
外部性	78
外部不経済	78
価格差別	55
価格消費曲線	25
価格のパラメーター機能	8
価格メカニズム	49
下級財	22
可処分所得	115-6
寡占	73
加速度原理	189
貨幣	119
可変生産要素	37
可変費用	37
為替レート	129
完全雇用	160
完全分配の定理	213
技術的限界代替率	34
キチンの波	187
ギッフェン財	27
帰納	4
規模に関して収穫不変	199
逆選択	84
キャピタルゲイン	179
供給の価格弾力性	56
恐慌	185
競合性	80
共同欲望	1
均衡	56
均衡価格	57
均衡需給量	57
均衡の安定性	57
屈曲供給曲線	151
クラウディングアウト	129
景気循環	184
景気動向指数	99, 101, 103
経済原則	2
経済成長	195
経済成長率	96, 98, 100, 103
経済制度	9
経済体制	9
経済法則	4
経常収支	132
限界価値生産高	210
限界収益生産高	210
限界収入	74
限界消費性向	113
限界生産性	32
——説	214
限界生産物	32
限界生産力	32
限界代替率	18

限界貯蓄性向	113	奢侈品	23
限界費用	40	収益逓増・逓減の法則	210
限界物量生産高	210	囚人のジレンマ・ゲーム	77
交易条件	131	ジュグラーの波	186
好況	185	需要曲線	25
公共財	81	需要の価格弾力性	51
貢献に応じた分配	214	上級財	22
厚生損失	78	小国	132
効用	14	乗数	113
効率的市場仮説	179	乗数効果	115-6
効率的労働量	204	乗数理論	107, 112, 117, 216
国内総支出	92-4	消費可能集合	19
国内総生産	92-4	消費者物価指数	141
国民所得	92-3	消費者余剰	63
固定為替相場制	130	消費の所得弾力性	23
固定生産要素	37	情報の非対称性	83
固定費用	37	職能的な分配	208
混合経済	10	所得効果	26
コンドラチェフの波	186	所得消費曲線	22
		所得分配の感受性係数	218
		新古典派生産関数	199
		斉一成長	203

サ 行

在庫投資の循環	187	生産関数	31, 209
裁定取引	179	生産者余剰	64
参入	46	生産要素	30
GDP デフレータ	103, 141	正常財	22
セイの法則	8	絶対所得仮説の消費関数	109
シグナリング	84	Z 関数	219
死重損失	78	設備投資の循環	186
市場価格表示	92	選好順序	15
市場均衡	56	総供給	141
市場の失敗	77	総供給関数	219
市場メカニズム	49	総供給曲線	149
自然失業率	160	総需要	141
失業率	159	総需要曲線	144
実質利子率	125	相対的な分け前	208
資本収支	132	速度原理	192
資本蓄積の黄金律	203	粗代替材	27
社会的余剰	64	粗補完財	27

損益分岐点	43

タ 行

対人的な分配	207
代替効果	26
中級財	22
中立財	22
超過利潤	46
長期供給関数	45
長期競争均衡	214
貯蓄	124
貯蓄＝投資説	209
賃金・価格の硬直性	8
賃金・価格の伸縮性	8
デフレーション	177
デフレ・ギャップ	111
デフレスパイラル	180
統御された実験	5
等量曲線	34
独占的競争	73

ナ 行

所要(ニーズ)に応じた分配	214

ハ 行

パーシェ型指数	143
排除性	80
派生的な需要	215
バブル	180
パレート効率性	65
パレート最適	65
パレート的改善	66
比較静学	57
必需品	23
費用一定産業	48
費用曲線	33, 37

費用逓減産業	48
費用逓増産業	48
ファンダメンタルズ	179
不況	185
複占	73
プライステイカー	30
フリーライダー	81
平均生産物	32
変動為替相場制	130
豊作貧乏	68
保証成長率	198

マ 行

マーシャル的調整	168
マクロ	7
マネーサプライ	120-1
見えざる手	2
ミクロ	7
無差別	15
無差別曲線	16
名目利子率	125
モラルハザード	84

ヤ 行

有効需要	107-8
有効需要の原理	8, 107, 109-10, 128
要素費用表示	92
与件	58
予算制約線	19

ラ 行

ラスパイレス型指数	142
リカードの等価命題	172
利潤原理	192
リセッション	185
流動性のわな	122

事項索引

劣等財	22
レモンの原理	83
労働および資本の限界生産物	209

ワ 行

ワルラスの法則	121

編著者略歴

増澤俊彦（ますざわ・としひこ）
　1961 年　明治大学商学部卒業
　1967 年　明治大学大学院政治経済学研究科博士課程修了
　元明治大学政治経済学部教授
　〔著書・論文〕　『企業成長と生活水準のギャップ』（共著、勁草書房、1996 年）、Ｓ．ワイントゥラウプ『所得分配の理論への接近』（翻訳、文雅堂銀行研究社、1976 年）、「Ｗ．Ｈ．ソーマメイヤーの労働所得の分配に関する一研究」（論文、社研紀要、2000 年）ほか

経済学の世界
基礎から学ぶ経済理論のエッセンス

2004 年 4 月 15 日 第 1 版 1 刷発行
2016 年 4 月 7 日 第 1 版 8 刷発行

編著者─増　澤　俊　彦
発行者─森　口　恵美子
印刷所─松　本　紙　工
製本所─渡　邉　製　本
発行所─八千代出版株式会社
　　　　東京都千代田区三崎町 2‑2‑13
　　　　TEL　03‑3262‑0420
　　　　FAX　03‑3237‑0723
　　　　振替　00190‑4‑168060

＊定価はカバーに表示してあります。
＊落丁・乱丁本はお取替えいたします。

ISBN978‑4‑8429‑1325‑4　　© 2004 Printed in Japan